EDUCAÇÃO AMBIENTAL PARA O ENSINO BÁSICO

PERCURSOS FORMATIVOS

Conselho Acadêmico
Ataliba Teixeira de Castilho
Carlos Eduardo Lins da Silva
Carlos Fico
Jaime Cordeiro
José Luiz Fiorin
Tania Regina de Luca

Proibida a reprodução total ou parcial em qualquer mídia
sem a autorização escrita da editora.
Os infratores estão sujeitos às penas da lei.

A Editora não é responsável pelo conteúdo deste livro.
A Autora conhece os fatos narrados, pelos quais é responsável,
assim como se responsabiliza pelos juízos emitidos.

Consulte nosso catálogo completo e últimos lançamentos em **www.editoracontexto.com.br**.

MÁRCIA MARIA SANTOS

EDUCAÇÃO AMBIENTAL PARA O ENSINO BÁSICO

PERCURSOS FORMATIVOS

Copyright © 2023 da Autora

Todos os direitos desta edição reservados à
Editora Contexto (Editora Pinsky Ltda.)

Montagem de capa e diagramação
Gustavo S. Vilas Boas

Preparação de textos
Maiara Gouveia

Revisão
Lilian Aquino

Dados Internacionais de Catalogação na Publicação (CIP)

Santos, Márcia Maria
Educação ambiental para o ensino básico / Márcia Maria Santos. – São Paulo : Contexto, 2023.
144 p.

Bibliografia
ISBN 978-65-5541-276-5

1. Educação ambiental – Ensino básico – Prática de ensino
I. Título

23-3115   CDD 372.357

Angélica Ilacqua – Bibliotecária – CRB-8/7057

Índice para catálogo sistemático:
1. Educação ambiental

2023

Editora Contexto
Diretor editorial: *Jaime Pinsky*

Rua Dr. José Elias, 520 – Alto da Lapa
05083-030 – São Paulo – SP
PABX: (11) 3832 5838
contato@editoracontexto.com.br
www.editoracontexto.com.br

"Só se preserva aquilo que se conhece."
Jacques Cousteau

Sumário

APRESENTAÇÃO   9

INTRODUÇÃO   11

EDUCAÇÃO AMBIENTAL
NA COMUNIDADE ESCOLAR   19

SEQUÊNCIA DIDÁTICA –
INTEGRAÇÃO SOCIOAMBIENTAL AO LUGAR   53

   Sequência I
   Meio ambiente e recursos: da exploração ao descarte   56

   Sequência II
   Trilhas do saber: educação ambiental
   e comprometimento com as paisagens naturais   92

CONSIDERAÇÕES FINAIS   131

Referências   133

A autora   137

Apresentação

É com muita alegria que escrevo esta breve apresentação do livro *Educação ambiental para o ensino básico: percursos formativos*. A união dos conhecimentos de diferentes áreas do saber e o reconhecimento, pelos indivíduos, da importância de se conhecer o contexto em que vivemos para que possamos transformar nossa realidade e a de nossos semelhantes são fundamentais para uma educação ambiental transformadora.

As atividades ao ar livre podem promover uma série de reflexões contextualizadas sobre os processos, históricos e atuais, que "moldam" as paisagens e as nossas relações com o meio ambiente e, consequentemente, contribuem para a formação do nosso *lugar*. Entendemos que o lugar é constituído de muitas dimensões, tanto naturais (geológica, geográfica, química, física, biológica etc.) quanto sociais (política, ética, econômica, sociológica, científica etc.). O reconhecimento de que somos cidadãos planetários corresponsáveis pelo futuro do nosso lugar (considerando-se suas múltiplas escalas) pode advir da prática educativa durante o ensino básico. Aqui, neste livro, são dadas contribuições teóricas de subsídio ao educador que queira trabalhar essas questões junto aos educandos. Além disso, são sugeridos alguns percursos formativos (aqui denominados de sequências didáticas) de caráter modular, para que o educador tenha a liberdade de adequá-los à sua realidade. Cada sequência didática é direcionada à prática ao ar livre e aborda temas fundamentais para a formação de sujeitos comprometidos com a sustentabilidade planetária.

Espero que este livro seja útil àqueles que querem transformar nossos jovens para a construção de um futuro melhor!

Profª Drª Natalia Pirani Ghilardi-Lopes
(Centro de Ciências Naturais e Humanas
da Universidade Federal do ABC)

Introdução

Durante muitos séculos, a produção, o consumo, a extração e o descarte de materiais e resíduos avançaram de modo desordenado, sem políticas para a redução dos impactos ao meio ambiente causados pela ação humana. Como resultado dessa articulação devastadora entre ações desordenadas e ausência de uma gestão ambiental eficaz, os indicadores de degradação se mostram cada vez mais alarmantes. O panorama requer, urgentemente, alterações nos padrões que envolvem todo o ciclo de produção.

Diante dessa situação, muitos movimentos ambientalistas ganharam força, sobretudo a partir da segunda metade do século XX. Em 1972 foi realizada a Conferência de Estocolmo, primeiro grande encontro mundial a trazer o meio ambiente como pauta. A partir de então, as preocupações com a causa ambiental disseminaram-se por todo o mundo (Lago, 2006). Mesmo assim, a problemática vinculada às questões ambientais ainda enfrenta, diariamente, as barreiras do interesse econômico, que, na maioria das vezes, tornam secundária a resposta a essa demanda universal, tanto a partir de ações coletivas quanto pela via da atuação individual.

Essa condição desafiadora torna imprescindível o aprofundamento teórico e prático nas temáticas relativas ao meio ambiente. Nesse contexto, a educação ambiental (EA) é cada vez mais necessária em todos os âmbitos sociais. O interesse crescente por essa prática se deve ao aumento dos problemas ambientais, que requerem ações urgentes de todos os agentes sociais. Para tanto, a educação ambiental deve ser uma constante, não apenas no cotidiano das escolas, mas em todo o meio social, a fim de garantir a conservação do meio ambiente e a sustentabilidade.

A EA pode ser entendida, neste livro, como processo de formação educacional, presente em todos os níveis de ensino, que prepara o estudante para se tornar um sujeito ativo em seu meio, integrado aos demais agentes sociais na partilha de conhecimento e de ações.

No Brasil, a EA foi regulamentada com a Lei n. 9.795/99, da Política Nacional de Educação Ambiental (PNEA), que prioriza sua prática como um processo educacional mais amplo: "um componente essencial e permanente da educação nacional, devendo estar presente, de forma articulada, em todos os níveis e modalidades do processo educativo, em caráter formal e não formal" (Brasil, 1999: 1).

Ao conciliar as demandas globais e as locais referentes ao meio ambiente com a PNEA, emergem várias questões a serem trabalhadas no ambiente escolar e difundidas à sociedade em geral, a exemplo da arborização, da coleta seletiva, das áreas de lazer que integram o sujeito ao meio, da redução do consumo desnecessário, entre outras.

A partir dessa correlação, neste livro busca-se priorizar e contribuir com a difusão da EA articulada à educação formal, com a proposição de sequências didáticas (SD) interdisciplinares: a primeira é voltada ao processo de exploração de matéria-prima até o descarte de resíduos; a segunda, à inclusão de roteiros de trilhas ecológicas, com a integração do espaço local aos conteúdos programáticos.

A aproximação da comunidade escolar com o espaço local implica identificar as potencialidades locais e promover a conservação ambiental. Com as propostas descritas neste livro, direcionadas aos estudantes de nível fundamental maior e os de ensino médio, professores da educação básica podem desenvolver práticas pedagógicas de temas socioambientais mais amplos, contextualizados às especificidades dos seus respectivos lugares.

A educação escolar tem o importante papel de integrar os conteúdos à compreensão e à participação ativa da dinâmica do espaço local. Essa aproximação resulta em melhor apreensão dos conteúdos escolares e em maior valorização do lugar, pelo conhecimento desse espaço e o desenvolvimento de atividades de cunho socioambiental.

A inclusão do espaço local na prática educacional abre oportunidades, desde a manutenção e a extensão de áreas preservadas até a recuperação de áreas degradadas, assim como a de criar novos instrumentos para a troca de saberes, com base na integração de diferentes agentes sociais.

Com a aproximação entre a escola e a análise do espaço local, os estudantes podem se tornar agentes ativos no processo de identificar, planejar e executar ações referentes à educação ambiental dentro e fora da comunidade escolar. Esse encadeamento de ações contribui para evidenciar a responsabilidade de cada indivíduo sobre o planeta e assim colabora também com a promoção de práticas cotidianas de EA que auxiliam na conservação do meio ambiente.

Levando em conta as demandas mundiais, este livro está voltado à difusão de procedimentos metodológicos para inserir a EA no cotidiano escolar da educação básica pela aproximação entre esse tema transversal e o espaço local. Isso torna possível articular o ensino-aprendizagem, a sustentabilidade e as potencialidades locais.

O objetivo geral deste livro, portanto, é contribuir com a prática de professores da educação básica na elaboração de sequências didáticas em educação ambiental. A construção dessas práticas pedagógicas interdisciplinares colabora na aproximação da comunidade escolar com o seu meio.

Para alcançar o objetivo geral, esboçamos os seguintes objetivos específicos:

- O aprofundamento na análise teórica que trata da importância de correlacionar EA com educação em campo/aprendizagem ao ar livre (*outdoor learning*);
- A demonstração da relevância de analisar e conhecer o lugar a partir de suas estruturas e processos socioespaciais e ambientais ao longo do tempo, para obtenção de um aprendizado consolidado;
- A contribuição com o planejamento de sequências didáticas interdisciplinares em que os estudantes se tornem agentes ativos no processo de identificar, planejar e executar ações no espaço local associadas à educação ambiental, em áreas degradadas ou conservadas;
- A iniciativa de deixar evidente a importância das atividades ao ar livre para proporcionar a aproximação entre a teoria da sala de aula e a atuação social pautada na educação ambiental;
- A colaboração com a difusão da educação ambiental, pela relevância do comprometimento com o meio ambiente e a partir dos diferentes usos de cada recorte local.

Este livro se junta a outras publicações que defendem práticas sustentáveis e solidárias, tão requeridas e necessárias nos diferentes recortes espaciais.

A sociedade pré-industrial e, sobretudo, a pós-industrial tiveram como maiores preocupações, ao longo dos séculos, o aumento da produtividade e a obtenção de lucros exorbitantes.

Em contrapartida, em todo o planeta, o meio ambiente e o grande contingente populacional sem acesso ao mínimo de qualidade de vida sofrem constantemente os impactos, diretos e indiretos, desse modo de vida da sociedade capitalista produtivista.

Diante do acúmulo desenfreado de problemas, propostas como a deste livro são essenciais tanto às gerações atuais quanto às futuras. Ações sustentáveis e solidárias devem fazer parte do cotidiano de todos os indivíduos e, consequentemente, da sociedade em geral. A Terra demanda, com urgência, atitudes que minimizem os danos sobre ela. Essas atitudes estão atreladas à educação ambiental e ao desenvolvimento sustentável. A junção desses elementos no ambiente escolar permite a formação e a multiplicação de agentes ambientais, que adquirem um novo olhar sobre o espaço local e podem transmitir atitudes sustentáveis aos que estão no convívio social (Brasil, 2007).

Vale ressaltar que essa proposta surgiu numa discussão em sala de aula sobre os problemas ambientais que acometem a Terra. Paralelamente a essa discussão, frisou-se a responsabilidade de cada indivíduo em relação ao planeta. Foi apontado que, na maioria das vezes, as pessoas se esquivam dessa responsabilidade, sobretudo pela ausência de conhecimento e de instrumentos educacionais direcionados a uma postura ambientalmente correta, o que implica afastamento em relação à natureza. Também foi mencionado que os danos ambientais aumentaram drasticamente ao longo dos séculos, pela ação de sujeitos de diferentes espaços e classes sociais.

Logo, a maioria dos agentes sociais, desde o Estado até as empresas e os indivíduos, contribuiu para a devastação do planeta. Mas o reconhecimento desse panorama, através de pesquisas científicas, veio despertar a sociedade mundial para os cuidados necessários à conservação do grande patrimônio natural que se estende em todo o mundo e, além disso, para a própria garantia da sobrevivência humana.

Deve-se enfatizar a todo o momento essas questões mais amplas que fogem, evidentemente, ao olhar da maior parte da sociedade. Deve-se atentar para o fato de que a sequência didática encaminha ao exercício de ações cotidianas individuais e coletivas pautadas na sustentabilidade. Mas a resolução da questão ambiental não requer apenas essas ações cidadãs.

É importante conhecer, contextualizar e discutir as responsabilidades emergentes de empresas, grandes corporações, diante do planeta. Na mesma direção, cabe ao Estado, em suas diferentes esferas, um posicionamento sustentável, para assegurar aos cidadãos um meio ambiente onde a qualidade de vida seja possível.

Dessa forma, este livro busca contribuir com a formação de cidadãos críticos que, além de exercerem ações sustentáveis em seu cotidiano, sejam capazes de compreender as grandes questões implícitas que degradam o meio ambiente e provocam sérios problemas socioambientais. É indispensável o debate crítico sobre essa problemática, elemento que a rede de EA oferece, além de potencialização do poder de ação para requisitar a responsabilidade socioambiental de empresas e do Estado em diferentes escalas.

O debate em sala de aula instigou os estudantes ao comprometimento com ações sustentáveis. Eles relataram, porém, o desconhecimento de como efetivar essas atitudes no dia a dia. Também há falta de conhecimento dos pais e/ou responsáveis quanto a essas práticas. Diante de uma demanda universal gritante e do desconhecimento da maioria da população a respeito de práticas sustentáveis (Brasil, 2007), percebe-se que a falta de esclarecimento relativa à educação ambiental é um problema severo. Cabe à escola, portanto, desempenhar essa importante função de permitir aos estudantes a reflexão sobre as práticas sustentáveis e, consequentemente, a de atingir os que estão fora dos muros do ambiente escolar.

Emergiu – dessa discussão em sala de aula e da análise sobre as condições da comunidade local – a necessidade de implementar ações que tornem possível articular a EA à valorização do lugar.

Embora a EA não se restrinja somente à educação escolar, pode-se afirmar que é nesse ambiente, em todos os seus níveis, que ela deve estar presente, sendo contextualizada em todas as disciplinas e, na sequência, sendo estendida à sociedade. Consoante ao artigo 5º da Lei 9.795/1999, inciso VII, a EA deve proporcionar o "fortalecimento da cidadania, autodeterminação dos povos e solidariedade como fundamentos para o futuro da humanidade" (Brasil, 1999: 2). Nessa perspectiva, atividades que envolvem a EA exprimem a coletividade e a solidariedade, fortalecendo o pensar e o agir conjuntamente.

A partir de conteúdos programáticos que envolvem não só a Geografia, mas todas as disciplinas na grade curricular de cada escola, a proposta é que sejam inseridos roteiros locais onde seja possível explorar a criatividade dos estudantes em busca do exercício da EA. Para isso, é sugerida a execução, pela comunidade escolar, de um planejamento cronológico de atividades, que podem ser estendidas à sociedade que a rodeia. Porém, conforme as especificidades do meio e dos agentes envolvidos, as atribuições poderão ser alteradas, na lógica de flexibilidade do ensino-aprendizagem, que se adéqua aos envolvidos no processo educativo. A EA, como a educação formal, é um processo contínuo, que atinge todas as dimensões espaciais em diferentes recortes.

O ato de gerir o meio ambiente se estende da gestão da própria vida e da sociedade como um todo. Propagar esse olhar em ações educacionais é uma forma de quebrar o paradigma consumista que extravasa os limites da natureza. As práticas sustentáveis devem ser um alicerce cotidiano em todas as fases da vida, e só a partir da EA é possível conseguir a sustentabilidade de modo espontâneo, consistente e contínuo.

Com a sugestão de sequências didáticas num convite à inserção da EA no cotidiano escolar, esta proposta ultrapassa a teoria abstrata e se aproxima da realidade dos educandos. Nessa concepção, a concretização dos elementos teóricos é priorizada, permitindo que os estudantes sejam sujeitos ativos em suas respectivas comunidades. O ato de interligar essas categorias fortalece a rede da sustentabilidade e da solidariedade.

Salienta-se que este livro não tem a intenção de realizar um modelo de como aplicar a EA na educação básica, mas sim de evidenciar que existe uma variedade de caminhos a serem percorridos pelos que estão à frente da Educação.

O professor, diante da especificidade de cada turma, tem nas mãos a oportunidade de formar multiplicadores da EA. Para isso, não há um modelo pronto a ser seguido, porque o processo educativo é feito com a liberdade que educadores e estudantes têm de direcionar o ensino-aprendizagem para ir além da simples consolidação dos conteúdos programáticos. Esse processo deve imprimir em cada agente participativo a cidadania e a responsabilidade sobre o seu meio. E a EA é essencial nesse processo de construção educacional.

Desde as bases discutidas a seguir, verifica-se que não são necessários grandes aparatos, infraestrutura e materiais didáticos sofisticados para trabalhar a EA na escola. As ferramentas de trabalho estão disponíveis gratuitamente no meio onde cada escola está situada. Independentemente da condição socioeconômica, cultural e natural desse meio, qualquer lugar disponibiliza instrumentos capazes de fomentar a EA. Essa livre possibilidade contribui com o fortalecimento de práticas educativas que induzam à sustentabilidade.

Educação ambiental na comunidade escolar

Esta obra sugere práticas que incluem estudos teóricos relacionados à educação ambiental e a sua possível articulação com o espaço local, com o intuito de apoiar a difusão de procedimentos metodológicos que reúnam essas duas variáveis de modo interdisciplinar.

Na Geografia, o significado do lugar abrange a experiência e a singularidade, o "lugar significa muito mais que o sentido geográfico de localização. Não se refere a objetos e atributos das localizações, mas a tipos de experiências e envolvimento com o mundo, a necessidade de raízes e segurança" (Relph, 1979: 156). Os procedimentos metodológicos seguirão a premissa de que a aprendizagem ao ar livre pode ser significativa aos estudantes pela valorização do lugar.

Para a Geografia, a categoria *lugar* é aquela que o ser humano vivencia e onde constrói experiências no meio onde vive. As sociabilidades construídas – o lugar da morada, o da fé, o do trabalho, o do lazer, entre outros – estão intrínsecas a essa categoria, e nela ocorrem as relações mais próximas. O lugar está condicionado à própria existência do homem.

Ao considerar o potencial dessa categoria, cabe ao professor ser o elo entre o lugar e as demais escalas do espaço geográfico. Além disso, associar o livro didático, como instrumento pedagógico, e o lugar, como categoria de análise do espaço geográfico é relevante à construção da aprendizagem do aluno em Geografia (Carvalho Sobrinho e Leite, 2016: 129).

A análise dos conteúdos da grade curricular não pode, portanto, ser visualizada como algo exterior à realidade local. Eles devem permitir a conexão e a comparação do lugar vivenciado pelos estudantes com os conteúdos demonstrados nos livros didáticos, na televisão, na internet, em revistas, entre outros meios de comunicação.

Sendo assim, a realização de atividades pedagógicas contínuas voltadas à inserção da EA no cotidiano escolar compõe um subsídio de extrema importância na articulação dos conteúdos programáticos com a realidade local. Isso visa despertar o interesse dos estudantes pela pesquisa científica, dando a eles a oportunidade de analisarem elementos espaciais que fazem parte do cotidiano de todos e se verem como agentes ativos no processo de produção e reprodução do espaço. Além disso, o conteúdo a ser pesquisado, desenvolvido e executado será trabalhado de modo interdisciplinar, o que proporciona maior interação da comunidade escolar.

O lugar é o local de produção da vida, é o espaço vivido e apropriado pelo homem. São as relações que determinam as especificidades de cada lugar. Seja de morada e/ou de trabalho, ele traz os signos e os significados que interagem com o todo, o global. Logo, é um instrumento imprescindível na prática pedagógica da EA.

Em âmbito mundial, as discussões sobre o meio ambiente crescem cada vez mais, em razão da própria emergência da degradação ambiental. Mas o acesso a essas pesquisas, pelos diversos meios de divulgação científica e os diversos meios midiáticos, não é suficiente para gerar uma aproximação com a problemática de cada recorte espacial, ou seja, com o lugar de cada comunidade com as suas peculiaridades socionaturais.

Assim, cabe à escola aproximar a comunidade escolar do seu lugar e possibilitar que o conjunto social se torne agente ativo das ações locais, da tomada de decisões. Essa prerrogativa foi amplamente discutida na Declaração de Tbilisi, produzida em 1977 na Geórgia (Unesco, 1980). As vivências locais devem ser valorizadas, e, a partir da integração com outras experiências em escalas geográficas distintas, podem-se concretizar ações mais consistentes associadas às demandas de cada recorte espacial.

É de extrema importância trabalhar a integração de escalas geográficas a partir do entendimento das interdependências dos lugares. A própria lógica de interdependência dos ambientes naturais pode ser usada como parâmetro. O exercício de considerar os grandes temas socioambientais e trazê-los a cada recorte espacial foi conclamado por diferentes pesquisadores desde Tbilisi, uma dinâmica que tem como base de apoio o fortalecimento e a disseminação através da escola.

É preciso analisar as multidimensões em que cada recorte espacial está contido e as suas respectivas sociabilidades, produzidas e reproduzidas processualmente. Dessa forma, o desenvolvimento das ações sustentáveis dos agentes sociais que interagem com o meio natural e com os outros modeladores espaciais resulta na dinâmica diferenciada e única que forma cada lugar.

Este livro evidencia que cada comunidade escolar, de modo conjunto, pode alinhar os grandes temas socioambientais, emergentes no mundo todo, ao exercício de ações locais. Num primeiro momento, esse exercício pode ocorrer com o despertar da integração interdisciplinar. Pode avançar em seguida além dos muros escolares, pelo envolvimento dos demais agentes sociais, desde a sociedade civil até as instituições governamentais e não governamentais.

É imprescindível, para isso, conhecer as peculiaridades geográficas do lugar a ser trabalhado. Através do lugar, é possível desvendar singularidades no cotidiano de uma comunidade, além das múltiplas conexões – mais abrangentes e interdependentes – que percorrem a totalidade do espaço. Com essa forma de reflexão, podem ser articulados geograficamente os elementos socionaturais e os outros constituintes do espaço geográfico como categoria maior. O espaço é, nessa perspectiva, o suporte das relações multifacetadas que alteram a dinâmica de cada subespaço.

Ao se considerarem as intervenções sociais no meio natural ao longo do tempo, são percebidas não apenas as modificações nas paisagens naturais, mas, em muitas áreas, o que se apresenta é o comprometimento ou o esgotamento de recursos naturais antes inalterados. A intensidade e a abrangência dessas alterações são concomitantes com as atividades econômicas em cada período e a consequente ocupação humana que essa base mercadológica produz e destaca em cada momento.

Como consequência dos objetivos propostos, há uma inter-relação do processo de ensino-aprendizagem nas diferentes disciplinas, que podem transformar em realidade os aspectos teóricos trabalhados em sala de aula. Essa inter-relação e a interdisciplinaridade podem apoiar o combate à evasão, à repetência, assim como promover mudanças de postura na direção de uma educação menos excludente e integrada às especificidades do lugar.

A exploração didática dos problemas da comunidade dos estudantes potencializa ações que transformam o meio. Assim eles se tornam sujeitos ativos no processo educativo. Pela vivência comunitária, podem gerar profundas transformações no pensar e no agir, promovendo a práxis da EA. Cabe à escola aproximá-los de suas respectivas comunidades e, a partir desse movimento, possibilitar avanços no aprendizado e na valorização do meio local (Barbosa, 2010).

Diante da existência de tantas lacunas sobre essa temática, nos diferentes níveis de ensino, é importante ampliar o número de pesquisas que priorizem a disseminação da EA. No Brasil, a legitimação dela é bastante recente. Mesmo com o aumento do número de estudos nessa área, ela ainda se apresenta com demandas urgentes, principalmente relativas a projetos continuados que viabilizem a EA em espaços educacionais formais e não formais (Dias, 1998).

Cabe ressaltar aqui três prerrogativas importantes nessa forma processo educativo, citadas por Dias (1998) numa análise da implantação de EA no Brasil. A primeira é a interdisciplinaridade, em que a EA permeia todas as disciplinas curriculares e se espraia além do ambiente escolar; a segunda é fortalecida com o estudo de Sorrentino (2005), uma análise do meio não apenas em sua dimensão física, mas também em todas as outras dimensões que o compõem; a terceira é a importância do entorno imediato para se iniciarem ações de EA (Sorrentino, 2005).

Esse tripé embasou este livro. A articulação dessas vertentes pode consolidar a difusão de uma EA em que os agentes locais, estudantes, intervenham diretamente sobre o seu lugar. Isso corrobora a proposição de Fenichel e Schweingruber (2010), que evidenciam o aprendizado escolar em ambientes informais por meio de várias possibilidades do cotidiano dos estudantes. O uso dessas ferramentas enriquece o processo de ensino-aprendizagem, porque os envolvidos se tornam protagonistas tanto em sala de aula quanto na comunidade local.

Conforme Fenichel e Schweingruber (2010), ações dentro dessa esfera proporcionam sensações gratificantes aos estudantes. Ficam satisfeitos por efetivamente contribuírem com a comunidade local, como sujeitos ativos no desenvolvimento local. Portanto, a proposta de instigar ações da EA com atividades ao ar livre entrelaça ambientes de aprendizagem dentro e fora da escola, e isso fortalece a apreensão do conhecimento junto ao exercício cotidiano de práticas sustentáveis.

O aprendizado escolar fora da sala de aula ganha cada vez mais espaço entre os educadores. Essa ferramenta é potente como forma de incitar o aprendizado dos estudantes e de fazer deles agentes ativos nas suas respectivas comunidades. Segundo Bjorge et al. (2017), tem crescido o número de escolas nos Estados Unidos que aderiram a aulas ao ar livre. Isso tem trazido retorno bastante positivo a estudantes e professores, assim como para toda a comunidade escolar e local.

Os pesquisadores deixam claro, ainda, que o aprendizado ao ar livre proporciona maior integração com a natureza, o que potencializa ações para a promoção da sustentabilidade. Os resultados do trabalho demonstraram que os estudantes se tornaram mais motivados a serem ativos em suas atividades. Ressalta-se também que, quando essas práticas de envolvimento da escola com a natureza são feitas desde a infância, a probabilidade de os estudantes se tornarem adultos com práticas sustentáveis é muito maior (Bjorge et al., 2017).

No ciclo de desenvolvimento educacional, a EA deve estar presente em todas as fases do processo educativo. Contudo, torna-se muito mais fácil e espontânea quando é trabalhada desde a educação infantil. O trabalho com ações sustentáveis e o contato com a natureza de forma contínua desde a primeira fase da educação básica imprimem resultados mais amplos e concretos na corrente de difusão da EA (Bjorge et al., 2017).

Vale ressaltar que, ao corroborar com a perspectiva de obtenção de resultados mais consistentes quando se trabalha a EA desde a infância, não se pretende anular ou secundarizar a prática da EA nos demais níveis da educação. Além disso, o tratamento desse tema em sala de aula é bastante recente no mundo e no Brasil (Dias, 1998). Logo, é fundamental priorizar fortemente a EA nos outros níveis de ensino, sobretudo pela possibilidade da ausência ou de abordagem deficiente em outras etapas da vida estudantil. É preciso pensar ainda em quem não participa mais do ambiente escolar e que, durante a jornada estudantil, não teve a oportunidade receber a EA.

Ao se pensar na diversidade de pessoas que precisam ser atingidas pelas práticas de EA, cabe mencionar que:

> O campo do educativo é bastante vasto, uma vez que a educação ocorre em muitos lugares e sob variadas modalidades: na família, no trabalho, na rua, na fábrica, nos meios de comunicação, na política, na escola. Ou seja, ela não se refere apenas às práticas escolares, mas a um imenso conjunto de outras práticas educativas (Libâneo, 2002: 33).

Essa afirmação demonstra a abrangência na sociedade exercida pela educação. Assim, cabe à escola dar oportunidade à integração entre os diferentes meios de convívio social, através de ações em que teoria e prática possam ser articuladas. O espaço local tem destaque nessa perspectiva. De acordo com Lacoste, "[...] pensar o espaço não é colocar somente os problemas no quadro local; é também articulá-los eficazmente aos fenômenos que se desenvolvem sobre extensões muito mais amplas" (1985: 20). Ao expandir à realidade local as articulações do conteúdo escolar, é oferecida uma aprendizagem ativa em que se contribui com a coletividade dos estudantes, ou seja, com o aumento da capacidade de cooperar na construção das práticas pedagógicas.

A educação, em todos os níveis, é essencial para formar cidadãos e profissionais inseridos nessa conexão da escola com o meio externo. Este livro defende que EA é um elo entre aprendizagem, valorização do espaço local e visualização da natureza como extensão do próprio ser. Berna, no mesmo sentido, assegura que:

> O educador ambiental deve procurar colocar os alunos em situações que sejam formadoras, como diante de uma agressão ambiental ou conservação ambiental, apresentando os meios de compreensão do meio ambiente. Em termos ambientais, isso não constitui dificuldade, uma vez que o meio ambiente está em toda a nossa volta. Dissociada dessa realidade, a educação ambiental não teria razão de ser. Entretanto, mais importante que dominar informações sobre um rio ou ecossistema da região é usar o meio ambiente local como motivador (2004: 30).

As práticas de EA devem estar diretamente atreladas a várias dimensões relativas ao meio ambiente. Segundo Dias (1994), é preciso considerar um montante de aspectos que compõem o tripé da sustentabilidade. O autor esquematiza uma série de variáveis, que compõem um diagrama em que os volumes estão multifacetados. Um aspecto depende do outro, o que gera a interdependência dentro da trama, mostrando que o meio ambiente não é apenas uma questão ecológica (Figura 1).

Figura 1
O ambiente total e seus aspectos (o modelo do tecido celular)

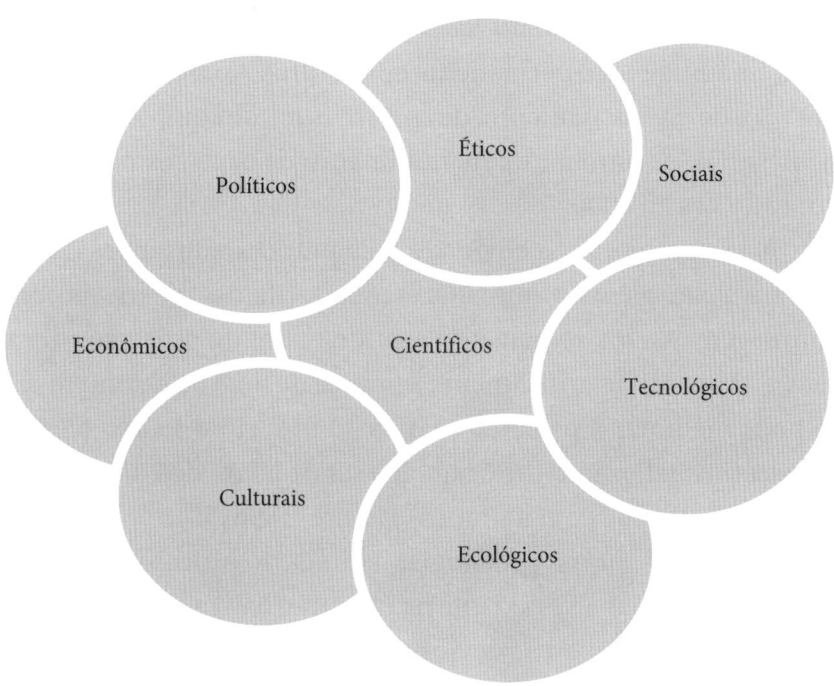

Fonte: Dias (1994).

Esse processo de interdependência das dimensões que abrangem a EA reforça a necessidade de atuação dos diferentes agentes sociais. A interdependência dos diferentes eixos do ambiente total implica o fortalecimento e a consolidação de resultados que se disseminam na sociedade (Dias, 1994).

Diante desse universo de possibilidades, o papel do professor vem à tona no incentivo à atuação ativa dos estudantes no espaço geográfico, reconhecendo o seu lugar como parte da totalidade espacial. Essa associação não é tarefa simples, na medida em que os contextos das realidades escolares são vários e até mesmo divergentes, mas é justamente por isso que se deve apurar com o cotidiano escolar e social, para então saber o melhor caminho a seguir.

A integração de atividades emanadas na interdisciplinaridade pode suscitar resultados de abrangência mais ampla. O ato interdisciplinar está pautado no "fato trivial de que todo conhecimento mantém um diálogo permanente com outros conhecimentos, que pode ser de questionamento, de confirmação, de complementação, de negação, de ampliação, de iluminação de aspectos não distinguidos" (Brasil, 2000: 75).

A integração, a coletividade e as práticas educativas que se espraiam para além do ambiente escolar tornam-se possíveis nessa abordagem. Assim, resgata-se o sentido maior do processo educativo, e "é pensando criticamente a prática de hoje ou de ontem que se pode melhorar a próxima prática. O próprio discurso teórico, necessário à reflexão crítica, tem que ser de tal modo concreto que quase se confunda com a prática" (Freire, 1996: 39).

Esse tipo de práxis pedagógica adotada no processo educativo deve proporcionar ao estudante na educação básica a oportunidade de mostrar seus saberes prévios sobre determinada temática, de produzir, construir, descobrir, fazer e refazer, ou seja, ele se torna ativo a partir da construção de um saber reflexivo. Segundo Martins (2005: 37), essa é uma forma de fazer do aluno o autor, com ideias próprias, com capacidade de entrar em polêmicas e argumentar com autonomia e de propor projetos próprios.

Morin (2004) demonstra a importância da pesquisa para situar o aluno tanto diante de suas potencialidades quanto de suas fragilidades. Desse modo, ele impõe a si mesmo a necessidade de superar essas fragilidades, o que o ajuda na correção de erros, na escolha de caminhos, na própria visualização de possibilidades, em vez da mera reprodução. Esse ponto de vista é corroborado aqui.

Nesta obra foi priorizada a conciliação entre as práticas pedagógicas da educação ambiental e a categoria geográfica lugar. Essa intersecção é necessária para melhor percepção, apreensão e comprometimento dos agentes sociais envolvidos no processo educativo. O foco espacial deste livro se dá a partir do ambiente escolar, ou seja, da educação formal, porém o intuito é ir além dos muros escolares pela articulação de todos os agentes atuantes na escola e com a comunidade em geral. A troca de saberes é essencial para consolidar ações condizentes com cada recorte espacial.

As propostas de sequências didáticas partem de amplas questões socioambientais, que poderão ser trabalhadas em diferentes espacialidades, de acordo com as prioridades dos membros de cada comunidade escolar. Assim, este livro não tem a intenção de realizar modelos de práticas pedagógicas, com foco na EA, mas sim de oferecer alternativas de sequências didáticas interdisciplinares que abordem temas socioambientais emergentes.

Com esse esforço, a ênfase na categoria geográfica lugar se dá não apenas pela sua importância no discurso geográfico, mas pelas amplas dimensões que implicam o Estado e a sociedade, ou melhor, o espaço geográfico. Também cabe à comunidade escolar repensar as metodologias de ensino e o conteúdo a ser trabalhado junto ao seu corpo discente, para proporcionar o estímulo à aprendizagem e a formação de cidadãos ativos, não apenas coadjuvantes nos processos socioambientais e econômicos que fazem parte do componente curricular e do exercício da cidadania.

A valorização do lugar na escola conduz a uma maior interação entre todos que fazem parte de determinada comunidade. A busca pela apreensão de uma história permeada por diferentes agentes na formação dum lugar resulta em comprometimento individual e coletivo de uma sociedade envolvida em ações de conservação do seu meio socioambiental.

Conservar a história e a natureza, ou seja, possibilitar a existência de um meio ambiente sustentável, é dever de todos. As gerações futuras ganham, assim, a oportunidade de vivenciar um mundo menos caótico, onde a integração social com o meio natural seja dada pela interdependência, e não pelo caráter exploratório e devastador, impresso ao longo de séculos, que repercutiu não apenas na devastação ambiental, mas no genocídio de milhões de povos que mantinham um modelo socioeconômico divergente do predominante (Galeano, 2004).

Esse histórico processo de exploração aconteceu de maneiras diferentes de acordo com o tempo e o espaço. E, ao longo da história, o meio natural e social não foi apenas alterado, mas destruído. Esse longo processo exploratório e desenfreado repercute nos atuais problemas socioambientais disseminados em escala mundial. Na tentativa de reduzir o alargamento da problemática socioambiental, o poder de transformação é emergente, não só no momento atual, mas, sobretudo, no sentido de criar meios à sociedade futura de manter um ambiente sustentável e com acesso à integração com a natureza.

Diferentes estudos demonstram que a integração pessoal com a natureza é de extrema importância ao desenvolvimento individual e social do ser. Richard Louv, em seu livro *A última criança na natureza*, demonstra com diferentes exemplos a contribuição positiva do convívio com a natureza. Em sua narrativa, elucida que:

> Em um intervalo de poucas décadas, a maneira como as crianças entendem e vivenciam a natureza mudou radicalmente. A relação se inverteu. Hoje as crianças têm noção das ameaças globais ao meio ambiente, mas o seu contato físico, sua intimidade com a natureza, está diminuindo (Louv, 2006: 23).

Ao serem consideradas todas essas questões estruturais, percebe-se a rede de problemas emergentes condicionados à temática socioambiental. O autor citado discorre ao longo de sua obra sobre as diferentes implicações ambientais, sociais, psicológicas e espirituais causadas pelo distanciamento entre os jovens e o mundo natural (Louv, 2006). Essa interligação com o mundo natural é essencial não apenas para o desenvolvimento humano, mas também para o comprometimento com a sustentabilidade.

Ao se perceber como parte do meio natural, o olhar e a percepção de pertencimento alteram o comportamento humano no ambiente. As relações criam um elo de vivência, experiências e identidade, fazendo com que a natureza seja percebida como o seu lugar, o seu meio. A inserção da EA no cotidiano escolar permite esse envolvimento com o lugar e, consequentemente, com o mundo natural.

Essa assertiva leva em consideração o contexto brasileiro de urbanização acelerada, em que a maioria da população, desde a década de 1970, reside em centros urbanos (Tabela 1). No entanto, vale ressaltar que isso não deve ser considerado um componente impeditivo, mas sim um elemento motivador para resgatar a aproximação com a natureza diante da realidade, cada vez mais ampla, de uma paisagem mais artificial.

Cabe dizer também que esse aumento acelerado da urbanização ocorreu de maneira mal distribuída, havendo maior concentração nos grandes centros urbanos da região Sudeste. Em face dos 5.570 municípios que constituem o país, é notável uma larga pluralidade nas múltiplas dimensões que perfazem o espaço geográfico. Pensar em práticas de EA numa conjuntura tão diversificada como a do Brasil requer levar em conta não somente a rica biodiversidade espraiada em território nacional, mas a heterogeneidade dos movimentos espaciais e temporais ao longo de sua formação e organização territorial.

As relações espaciais foram alteradas de maneira cada vez mais acelerada, e, nesse frenético ritmo de crescimento, as paisagens naturais foram substituídas por uma série de elementos artificializados. Com isso, o Brasil rural se torna, sem planejamento, um Brasil urbano (Tabela 1).

Tabela 1
Brasil – Crescimento Populacional (1940-2010)

Ano	População absoluta	População urbana	População rural	Taxa de urbanização	Acréscimo da população urbana
1940	41.236.315	12.880.182	28.356.133	26,35%	-
1950	51.944.397	18.782.891	33.161.506	36,16	5.902.709
1960	70.992.343	32.004.817	38.987.526	44,64	13.221.926
1970	94.508.583	52.904.744	41.603.839	55,92	20.899.927
1980	121.150.573	82.013.375	39.137.198	67,31	29.108.631
1991	146.917.459	110.875.826	36.041.633	75,59	28.862.451
2000	169.590.693	137.755.550	31.835.143	81,22	26.879.724
2010	190.755.799	160.925.792	29.830.007	84,36	23.170.242

Fonte: baseado em Censos Demográficos 1940-2010.

Esse movimento contínuo se consolida desde a década de 1970, quando a maioria da população passou a viver em cidades. A progressão desse afluxo se deu em todas as regiões do país. Os censos de 1940 a 2010 evidenciam essa tendência de urbanização. Mesmo com ritmos diferenciados de crescimento, em 2020 todas as regiões brasileiras apresentavam uma taxa de urbanização acima de 70% (Tabela 2).

Tabela 2
Brasil – Taxa de urbanização por regiões (1940-2010)

Região	1940	1950	1960	1970	1980	1991	2000	2007	2010
Norte	27,75	31,49	37,38	45,13	51,65	59,05	69,83	76,43	73,53
Nordeste	23,42	26,4	33,89	41,81	50,46	60,65	69,04	71,76	73,13
Sudeste	39,42	47,55	57,0	72,68	82,81	88,02	90,52	92,03	92,95
Sul	27,73	29,5	37,1	44,27	62,41	74,12	80,94	82,9	84,93
Centro-Oeste	21,52	24,38	34,22	48,04	67,79	81,28	86,73	86,81	88,8
Brasil	31,24	36,16	44,67	55,92	67,59	75,59	81,23	83,48	84,36

Fonte: baseado em Censos Demográficos (1940-2010).

Essa diferenciação de ritmos nos movimentos que provocaram a urbanização no país resulta em particularidades intra e interurbanas, além de promover modificações das áreas rurais, com avanços acelerados do agronegócio e de outras atividades extrativas que destroem o meio natural.

Em relação às áreas urbanas, as distintas tessituras que configuraram esse espaço ao longo do tempo demonstram uma tendência de atividades econômicas centralizadas que funcionam como atrativos migratórios, incidentes na formação de grandes centros urbanos, que aglomeram a maioria da população brasileira. Prado Júnior (2006: 24) exprime essa evolução da economia nacional mencionando os vários ciclos produtivos e o posicionamento da indústria brasileira, dizendo que "entre a primitiva indústria artesanal da colônia e a moderna maquinofatura, interpõe-se na evolução econômica do Brasil um grande hiato. Aquela decaiu e praticamente se anulou antes que a outra surgisse".

Essa concentração da indústria em São Paulo se explica pelo número de circunstâncias favoráveis aí reunidas. A principal delas é o progresso geral do Estado graças ao desenvolvimento sem paralelo de sua lavoura cafeeira, que produziu riqueza e fez crescer a população.

A constituição desses centros se deu de modo desordenado e desigual. Essa formação resultou nos amplos problemas das grandes urbes brasileiras. O predomínio de ambientes artificializados com uma tendência de supressão dos elementos naturais, paralelo à acelerada urbanização, trouxe, conjuntamente, graves problemas socioambientais ao espaço urbano brasileiro, sobretudo nas metrópoles, onde há décadas se manifesta o lado mais crítico de uma crise ambiental. Esse panorama explícito nos grandes centros urbanos do país também se amplia nas pequenas cidades.

Na análise da configuração demográfica do espaço urbano brasileiro fica evidente que a disposição populacional nas classes de tamanho de cidades se dá por um grande contingente de pequenas cidades. Mas as pesquisas do Instituto Brasileiro de Geografia e Estatística (IBGE) revelam que mais da metade da população brasileira se concentra em apenas 5% das cidades, fator que reforça os amplos problemas socioambientais das metrópoles e das grandes urbes do país.

Além disso, mais de 81% das cidades brasileiras têm menos de 20 mil habitantes (Tabela 3). Os dados da tabela são do último Censo Demográfico (2010) e, por isso, incluem 5.565 municípios, mas em 1º de janeiro de 2013 foram instituídos pelo judiciário mais cinco, indicados por Nunes (2017: 14): Pescaria Brava, Balneário Rincão, ambos em Santa Catarina (SC); Mojuí dos Campos (PA); Pinto Bandeira (RS) e Paraíso das Águas (MS). Os problemas socioambientais também surgem nesse caso. São urbes que crescem sem planejamento, e isso contribui para a incidência dos graves problemas tão marcantes nos grandes centros urbanos quanto a falta de saneamento básico, a poluição atmosférica e o crescimento desordenado.

Tabela 3
Brasil – Número de cidades por classes de tamanho da população (2010)

Classes de tamanho das cidades	Brasil absoluto	Brasil%	Centro-Oeste	Norte	Nordeste	Sudeste	Sul
Até 500	50	0,89	-	1	3	-	46
De 501 a 1.000	234	4,20	9	9	46	28	142
De 1.001 a 2.000	663	11,91	61	60	174	182	186
De 2.001 a 5.000	1.579	28,37	145	113	520	484	317
De 5.001 a 10.000	1.160	20,84	96	104	472	318	170
De 10.001 a 20.000	863	15,50	76	76	319	254	138
De 20.001 a 50.000	583	10, 47	48	53	177	199	106
Mais de 50.000	433	7,78	31	33	83	203	83
Total	5.565	100	466	449	1.794	1.668	1.188

Fonte: baseado em IBGE, Censo Demográfico (2010).

Nessa conjuntura demográfica, há vários desafios a serem superados, como o planejamento baseado no tripé da sustentabilidade, que desde o final da década de 1980 se disseminou como *Triple Bottom Line*, a partir dos princípios que envolvem as esferas sociais, econômicas e ambientais (Elkington, 1994).

No Brasil, a lei que regulamenta as cidades é o Estatuto das Cidades, Lei nº 10.257/2001 (Brasil, 2001). Esse instrumento é de extrema importância para o planejamento urbano em todas as suas dimensões. No artigo 4, inciso III, alínea *a*, está determinado que o plano diretor compõe um instrumento de planejamento municipal. Assim, é uma ferramenta para se pensar a cidade em todas as dimensões, o que favorece ações presentes com o objetivo de, no futuro, causarem menor impacto possível aos integrantes desse meio.

No artigo 39 da Lei referida, é regulamentado que:

> A propriedade urbana cumpre sua função social quando atende às exigências fundamentais de ordenação da cidade expressas no plano diretor, assegurando o atendimento das necessidades dos cidadãos quanto à qualidade de vida, à justiça social e ao desenvolvimento das atividades econômicas, respeitadas as diretrizes previstas no art. 2o desta Lei (Brasil, 2001: 12).

Essa função da cidade deve envolver não apenas os aspectos estritamente sociais, mas, para haver o exercício dessa função, também é necessário o equilíbrio ambiental. Não se pensa em sociedade com justiça social quando o desequilíbrio prevalece nos distintos ecossistemas. Dessa forma, a justiça social deve estar diretamente articulada com a justiça ambiental.

E não pode haver sociedade sem equilíbrio entre justiça, sociedade e ambiente. A justiça e um meio ambiente ecologicamente equilibrado são imprescindíveis para manter uma estrutura social em que as necessidades são supridas de forma sustentável. Com esse ponto de vista, é possível – conforme indicam Veras Neto e Saraiva (2012: 96) – enveredar para um modelo "holístico e interdisciplinar em que o saber empodera novas relações entre sociedade e natureza, pois a primeira realidade não se dissocia da segunda".

Considerar essas relações é essencial à criação e à permanência de bases sustentáveis nesse conjunto indissociável. Mas, ao percorrer a trajetória histórica, sobretudo após a Revolução Industrial, com a permanência e o espraiamento da cultura do consumo, o equilíbrio parece distante tanto na estrutura social quanto na ambiental.

Em relação ao Brasil, a análise de Nalini (2008) enfatiza esse desequilíbrio socioambiental. Sociedades desiguais refletem diretamente na degradação do meio natural. Para o autor, esse panorama de exclusão social e devastação ambiental é marcante no Brasil. Todo esse mosaico de exclusão, vulnerabilidade, consumismo e acúmulo de capital incide diretamente num direcionamento de padrões que, ao longo da história, normalizaram a exploração desenfreada do ser social e do seu habitat. O conjunto de extrações contínuas é camuflado durante cada fase de evolução social. A cada período surge uma nova demanda de consumo, que incide diretamente na retirada de recursos naturais e que diretamente se encaminha à exploração predatória e à consequente extinção de elementos essenciais à cadeia ecológica que compõe o planeta.

A lógica exploradora é repetida em diferentes espacialidades e temporalidades, com formatações que se enquadram nos padrões culturais de cada fase e recorte espacial. Diante de tantas mutações no formato de exploração, as desigualdades sociais permanecem e os danos ambientais se mantêm, numa rede global de degradação encadeada e com configurações distintas em cada recorte espacial.

No Brasil, desigualdade e degradação caminham juntas. Isso é mais explícito nas áreas urbanas. A substituição das paisagens naturais pelas humanizadas é a maior evidência da direção degradante. No seio urbano, as ocupações desordenadas em áreas periféricas são ferramentas da sobrevivência humana na ausência de atuação do Estado com políticas efetivas de transformação social.

Aliada ao abandono dos grupos sociais excluídos, há a especulação imobiliária pelos proprietários fundiários e os promotores imobiliários. Segundo Corrêa (2004), a ação desses agentes sociais, com o Estado e os proprietários dos meios de produção, modela o espaço urbano. Essa transformação se dá em diferentes níveis, conforme o tamanho de cada urbe e sua respectiva dinâmica econômica.

De acordo com o Estatuto da Cidade, as modificações devem ser ancoradas no plano diretor, mas o artigo 41 dessa Lei prevê que a obrigatoriedade da ferramenta de planejamento seja apenas para as cidades com as seguintes características:

> I- mais de vinte mil habitantes;
> II- integrantes de regiões metropolitanas e aglomerações urbanas;
> III- onde o Poder Público municipal pretenda utilizar os instrumentos previstos no § 4º do art. 182 da Constituição Federal;
> IV- integrantes de áreas de especial interesse turístico;
> V- inseridas na área de influência de empreendimentos ou atividades com significativo impacto ambiental de âmbito regional ou nacional;
> VI- incluídas no cadastro nacional de Municípios com áreas suscetíveis à ocorrência de deslizamentos de grande impacto, inundações bruscas ou processos geológicos ou hidrológicos correlatos. (Incluído pela Lei nº 12.608, de 2012) (Brasil, 2001).

Os dados do Censo Demográfico 2010 mostram que apenas 18,26% das cidades brasileiras estão dentro da faixa demográfica indicada no primeiro critério. Há 4.549 cidades que não têm a obrigatoriedade de formular um plano diretor.

Em outras palavras, 81,34% das cidades no Brasil podem estar crescendo desordenadamente, sem nenhum tipo de plano que subsidie uma reorganização espacial voltada à justiça socioambiental.

Na outra vertente, há os grandes centros urbanos, que aglomeram a maioria da população brasileira. Desde meados do século XX, eles apresentaram um crescimento macrocéfalo e desordenado, com uma degradação sem precedentes, implicando paisagens predominantemente artificializadas, que comprometeram a qualidade de vida e a biodiversidade, ou melhor, a justiça socioambiental.

Em outra esfera, as pequenas cidades formam a maioria das urbes. Em ritmos mais lentos, elas também têm crescido – como foi dito antes – sem o planejamento necessário, em distintas dimensões espaciais.

Portanto, em todo o território nacional, diferentes classes de cidades crescem sem considerar a necessidade de um planejamento urbano que respeite os aspectos socioambientais. Essa situação se mostra mais desafiadora a cada dia.

Essa problemática é uma responsabilidade de todos os agentes sociais, desde o Estado aos grupos empresariais e à comunidade em geral. No artigo 225 da Constituição Federal está expresso o direito de todos "[...] ao meio ambiente ecologicamente equilibrado, bem de uso comum do povo e essencial à sadia qualidade de vida, impondo-se ao Poder Público e à coletividade o dever de defendê-lo e preservá-lo para as presentes e futuras gerações" (Brasil, 1988). Esse direito garantido constitucionalmente é ameaçado por ações ancoradas na máxima do consumo. A simbiose orgânica do meio natural é substituída por uma lógica de natureza como recurso, fonte de riqueza, acumulação e desigualdade.

Essa prática, historicamente predominante, gerou um distanciamento social do mundo natural, tornou possível a presença de novas gerações que se distanciam da integração com o meio ambiente. Nalini (2008: 503) diz que "só a ética das novas gerações, sensibilizadas por uma educação ecológica responsável, poderá refrear o ritmo do aniquilamento deste bem de uso comum de todos e essencial à sadia qualidade de vida que é o meio ambiente".

É preciso firmar um compromisso social com o meio natural para se alcançar a ética indicada por Nalini. A reaproximação com a natureza exige mudanças culturais nas formas de consumo e de valorização da vida. As prioridades de acumulação e de geração de riquezas devem ser substituídas, de modo emergente, pela prioridade da qualidade da vida. A visão de supremacia da vida humana diante dos outros participantes da cadeia ecológica, por um olhar de integração e de interdependência.

Com esse compromisso, devem ser levadas em consideração as lacunas entre as classes sociais estruturadas ao longo do tempo em diferentes escalas espaciais. Artur Pawlowski ressalta a importância de serem considerados os diferentes contextos sociais diante de um princípio ético para o desenvolvimento ambiental.

> Em sua essência, o princípio do desenvolvimento sustentável é um princípio ético de responsabilidade diferencial. Não é uma tentativa de tornar alguns mais iguais que outros, mas simplesmente um reflexo do fato de não ser possível aplicar as mesmas demandas a pobres e ricos. De fato, a crise ambiental existe, principalmente, graças às várias formas de atividade nos países altamente desenvolvidos do "Norte" (Pawlowski, 2008: 89).

Alcançar esse patamar de reintegração com a natureza não é uma tarefa simples no atual nível da evolução capitalista, porém é essencial à manutenção da vida. E a escola é uma ferramenta de grande importância para potencializar essa corrente solidária do comprometimento com o meio natural.

O poder de transformação a partir do conhecimento implica não apenas a responsabilidade de cada indivíduo e sua consequente influência através das redes de sociabilidade, mas também viabiliza uma atuação política que impede o silenciamento ante a destruição do meio partilhado.

A escola deve exercer essa função social que instiga a atuação política fundamentada na ciência e aliada aos saberes tradicionais. Desses pilares, surgem lideranças locais capazes de requisitar a atuação sustentável de cada agente modelador do espaço, com a alteração nos padrões de produção, consumo e descarte e com a regulamentação efetuada pelo Estado.

Essa série de elementos na trama demográfica urbana do país demonstra a complexidade das realidades que formam o espaço urbano brasileiro. Por um lado, há uma concentração urbana macrocéfala num pequeno número das maiores cidades do país, ou seja, potencializa-se a artificialização da paisagem urbana, com uma redução exponencial da biodiversidade e a consequente expansão dos problemas socioambientais. Por outro, as pequenas cidades – que prevalecem no Brasil – não apresentam uma dinâmica de crescimento gradual, com base num plano sustentável. Essas duas diferentes vertentes do espaço urbano brasileiro são potenciais ameaças ao meio natural e se afastam de uma justiça socioambiental.

A explosão de problemas socioambientais está presente, portanto, nos diversos contextos da tessitura urbana do país. Tanto os grandes centros quanto as pequenas urbes estão permeados, em diferentes níveis, desses problemas que ameaçam a sociedade e os ecossistemas que compõem a Terra.

Essa propensão de caráter exploratório dos elementos naturais também se alarga pelas áreas rurais do país. Os vários níveis de degradação que resultam de atividades extrativas e agropecuárias extinguem espécies e destroem saberes tradicionais em prol da lógica de mercado. A heterogeneidade de biomas e a diversidade de povos tradicionais, com suas respectivas culturas, implicam uma nuance de saberes que o ambiente escolar deve integrar para fortalecer ações pela sustentabilidade.

Como a maior parte dos usos do solo resulta em degradação ambiental, é evidente a necessidade de aproximar a comunidade com o seu lugar, conhecendo a sua dinâmica, integrando-se a essa dinâmica e, consequentemente, comprometendo-se com o meio natural – seu meio –, que perfaz a história de cada ser social. Esse processo não é fácil, sobretudo na lógica de consumo impressa mundialmente desde a Revolução Industrial.

Diante da diversidade de construções sociais e de elementos naturais, a escola deve instigar os seus partícipes a esse processo de encadeamento, de integração com o lugar, a partir do pensar sustentável, e, com isso, proporcionar uma rede de saberes em prol da EA.

A articulação e a difusão, em cada recorte locacional, dos grandes temas socioambientais tornam possível uma gama de experiências variadas, com diferentes olhares comprometidos com um desenvolvimento sustentável. Esse mosaico de ações locais se fortalece e dá abertura à compreensão da interdependência natural das escalas geográficas que formam o planeta.

Para tanto, é necessário que o conhecimento seja democrático e consiga alcançar todas as comunidades, sem hierarquias do saber, como uma troca de saberes entre instituição escolar e comunidade. A escola é o melhor meio condutor da EA, pois o conhecimento propagado nela se ramifica além de seus muros. Isso não quer dizer que a EA deve ser trabalhada só na educação formal. Pelo contrário, deve ser consolidada em todas as instituições sociais a partir do aparato do Estado.

O fortalecimento da EA na escola, desde os anos iniciais, deve ocorrer em atividades interdisciplinares que permitam a integração ao respectivo lugar. O conceito de ecologia dos saberes contribui para o entendimento de uma prática educativa que viabilize essa integração dos saberes. Como foi dito por De Sousa Santos (2010: 34), "a ecologia dos saberes busca fornecer uma consistência epistemológica para um pensamento proposicional e pluralista. Na ecologia dos saberes, o conhecimento interage, se cruza e, portanto, também é feito das ignorâncias" (tradução nossa).

A junção de saberes é construtiva na interligação das escalas e permite um aprendizado mais consistente, pela soma dos conhecimentos científico e popular. Esse intercâmbio de saberes é crucial na realização de ações sustentáveis. Há nesse processo, conforme De Sousa Santos (2010: 32) "o reconhecimento da pluralidade de conhecimentos heterogêneos (um deles é a ciência moderna) e das interconexões contínuas e dinâmicas entre eles sem comprometer sua autonomia" (tradução nossa).

Os resultados se revelam muito mais sólidos e promissores quando a rotina escolar está integrada ao cotidiano social de sua respectiva comunidade. A quebra da barreira entre o teórico e o saber popular no ensino-aprendizagem é fundamental em todas as fases do desenvolvimento cognitivo. Essa associação é imprescindível à consolidação do conhecimento necessário a uma transformação social.

A aproximação do saber escolar com os contextos locais de cada comunidade onde as escolas estão inseridas se mostra propositiva e instigante, visto que dá ao aluno a oportunidade de não permanecer alheio à sua realidade. É um processo de elo, troca de saberes, valorização do espaço local, conhecimento, compromisso e criticidade em relação ao seu meio, em articulação com as demais escalas geográficas.

Esse processo deve ser valorado em todas as etapas da formação escolar, para a geração de cidadãos ativos em seu meio e comprometidos com a justiça socioambiental. Não há EA sem essa prática educativa de integração com as sociabilidades locais, assim como com os respectivos biomas onde cada grupo social está inserido. Essa rede de saberes potencializa a criticidade dos agentes envolvidos, junto a um olhar que preza pela coletividade e por uma gestão democrática integrada aos elementos naturais pertencentes ao meio.

Para Freire,

> Quanto mais se problematizam os educandos, como seres no mundo e com o mundo, tanto mais se sentirão desafiados. Tão mais desafiados, quanto mais obrigados a responder ao desafio. Desafiados, compreendem o desafio na própria ação de captá-lo. Mas, precisamente porque captam o desafio como um problema em suas conexões com outros, num plano de totalidade, e não como algo petrificado, a compreensão resultante tende a tornar-se crescentemente crítica, por isto, cada vez mais desalienada. Através dela, que provoca novas compreensões de novos desafios, que vão surgindo no processo da resposta, se vão reconhecendo, mais e mais, como compromisso. Assim é que se dá o reconhecimento que engaja (1987: 40).

Esse engajamento mencionado por Freire, a partir dos múltiplos desafios a serem lançados entre os participantes da comunidade escolar, vai além da reprodução do conhecimento. Essa proposta permite a problematização de amplas questões socioambientais e suas respectivas consequências no espaço local. O processo educativo vai além de uma visualização e de uma discussão – muitas vezes superficiais – das questões macro, que parecem não se diluir no cotidiano local. Dessa forma, o estudante sai da condição de espectador e assume a sua condição de agente social capaz de articular, problematizar e intervir em sua comunidade pela junção dos saberes científicos e tradicionais.

Este é um dos maiores desafios da escola: imprimir em seu cotidiano uma rotina de problematização e de articulação de saberes que ofereça a seu público a chance de intervenção contínua para a transformação socioambiental através da ótica sustentável.

Vale ressaltar que a temática ambiental já se faz presente na maioria das escolas do país. Contudo, as ações ainda se mostram muito pontuais. Várias delas ocorrem de modo esporádico e, muitas vezes, por meio de disciplinas isoladas. A educação ambiental ainda se mostra constantemente distante do cotidiano escolar. E é muito usual a presença desse tema apenas em projetos, que, em sua maioria, ocorrem em datas comemorativas relacionadas ao meio ambiente.

Dessa forma, muitos educadores se organizam para a realização de atividades e projetos em determinadas datas, atreladas a um tema ambiental. No *site* do Ministério do Meio Ambiente (MMA), há disponível um calendário com as principais datas referentes a esse tema (Quadro 1). Estão distribuídas 42 datas que simbolizam a comemoração de algum órgão do meio ambiente, comunidades tradicionais, profissionais atrelados a áreas que trabalham diretamente com o tema, biomas e ações de combate a algum tipo de degradação. Algumas delas são bastante conhecidas no âmbito intra e interescolar. Outras apresentam menos notoriedade.

Quadro 1
Brasil – Calendário com as datas comemorativas do meio ambiente (2020)

Mês	Dia	Data
Janeiro	11	Dia do Combate à Poluição por Agrotóxicos
	31	Dia do Engenheiro Ambiental
Fevereiro	2	Dia Mundial das Zonas Úmidas
	6	Dia do Agente de Defesa Ambiental
	22	Aniversário do Ibama
Março	1	Dia do Turismo Ecológico
	2	Aniversário do Serviço Florestal Brasileiro – SFB
	16	Dia Nacional da Conscientização sobre as Mudanças Climáticas
	21	Dia Mundial Florestal
	22	Dia Mundial da Água
Abril	15	Dia da Conservação do Solo
	17	Dia Nacional de Botânica
	19	Dia do Índio
	22	Dia da Terra
	28	Dia da Caatinga
Maio	3	Dia do Solo e do Pau-Brasil
	22	Dia Internacional da Biodiversidade
	27	Dia da Mata Atlântica
Junho	5	Dia Mundial do Meio Ambiente
	8	Dia Mundial dos Oceanos
	13	Aniversário do Jardim Botânico do Rio de Janeiro
	17	Dia Mundial de Combate à Desertificação
Julho	10	Aniversário de Criação do Fundo Nacional do Meio Ambiente
	12	Dia do Engenheiro Florestal
	17	Dia da Proteção das Florestas

Agosto	14	Dia do Controle à Poluição Industrial
	28	Aniversário do Instituto Chico Mendes de Conservação da Biodiversidade – ICMBio
Setembro	3	Dia Nacional do Biólogo
	5	Dia da Amazônia
	11	Dia Nacional do Cerrado
	16	Dia Internacional de Preservação da Camada de Ozônio
	20	Dia Internacional da Limpeza de Praia
	22	Dia da Defesa da Fauna
Outubro	3	Dia Nacional das Abelhas
	5	Dia das Aves
	12	Dia Mundial para a Prevenção de Desastres Naturais e Dia do Mar
	15	Dia do Consumo Consciente
	16	Dia Mundial da Alimentação
Novembro	19	Aniversário do Ministério do Meio Ambiente
Dezembro	10	Dia Internacional dos Povos Indígenas
	19	Aniversário da Agência Nacional de Águas – ANA

Fonte: Ministério do Meio Ambiente.
Elaboração: SANTOS, M. M. J. (2020)

Não cabe negar a importância de eventos escolares que se dediquem a atividades sustentáveis. Mas ações de EA não podem se restringir à culminância de eventos em determinados períodos do ano letivo, uma vez que isso não é o suficiente ao exercício de uma prática educativa que necessita da continuidade de ações sustentáveis e integradas à comunidade local.

O processo de EA no ambiente escolar é um dos maiores desafios da escola, porque, por ser um tema transversal, deve abranger todas as disciplinas curriculares. Porém, em grande parte das escolas a abordagem ainda se faz de forma individualizada, em disciplinas que abordam os elementos naturais, com destaque para a Biologia. Essa conotação foi adotada ao longo de anos, com uma visão isolada do meio natural.

Somente nas últimas décadas, sobretudo a partir da contribuição de Tbilisi (1977), surge um novo olhar sobre o meio ambiente e sua integração à sociedade e sobre a responsabilidade social diante dele. Essa mudança de paradigma vem sendo trabalhada, mas ainda não se consolidou, e em muitas comunidades escolares ainda se mostra superficial, pela ausência de conhecimento da maioria do corpo docente, principalmente dos que não pertencem às ciências naturais.

Assim, a responsabilidade da EA recai sobre disciplinas isoladas, fato contrário às bases de estruturação desse tema, que deve ser trabalhado pela transdisciplinaridade. No Brasil, essa abordagem foi intensificada a partir da publicação dos Parâmetros Curriculares Nacionais (PCNs) em 1997.

Esse material é um subsídio à escola na construção do seu Projeto Político Pedagógico (PPP) com os denominados temas transversais – ética, pluralidade cultural, meio ambiente, saúde, orientação sexual e temas locais –, expostos como temas sociais urgentes em todo o país.

A propositura desses temas é a abordagem interdisciplinar, ou seja, a de serem trabalhados de modo conjunto em todas as disciplinas. Japiassú afirma que "a interdisciplinaridade caracteriza-se pela intensidade das trocas entre os especialistas e pelo grau de integração real das disciplinas no interior de um mesmo" (1976: 74). As dificuldades de se trabalhar conjuntamente são inúmeras. O sistema escolar ainda apresenta relutâncias nesse sentido, de planejar coletivamente a abordagem de questões essenciais nos distintos temas de interesse social, inclusive os transversais dos PCNs.

Em relação ao meio ambiente, propõe-se nos PCNs que, a partir da transversalidade, seja integrado às diferentes áreas de ensino e que se "impregne toda a prática educativa e, ao mesmo tempo, crie uma visão global e abrangente da questão ambiental, visualizando os aspectos físicos e histórico-sociais, assim como as articulações entre a escala local e a planetária desses problemas" (Brasil, 1998: 193).

As inúmeras dificuldades para que a interdisciplinaridade seja implementada na comunidade escolar não surgem propriamente na escola. Desde a formação acadêmica do professor, o processo de ensino-aprendizagem, muitas vezes, se dá de forma individualizada, direcionado para os conteúdos programáticos inerentes a cada disciplina. Ao chegar à escola, cada professor tem uma grade curricular para cumprir, que na escola tradicional também não se ajusta ao diálogo com outras disciplinas, fazendo com que o conhecimento não ultrapasse as fronteiras estabelecidas historicamente entre cada matéria escolar.

O meio ambiente também não é visualizado em sua totalidade, o que impede que o tema seja trabalhado de acordo com a sua complexidade, totalmente atrelada à sociedade e à escola (Figura 2). A partir desse tripé, o processo de EA se torna mais fluido, pois possibilita visualizar esses elementos constituintes como formações que devem estar articuladas para proporcionar não um conhecimento superficial, mas intervenções transformadoras. A escola tem esse poder transformador. Para isso, precisa se integrar à realidade social onde está o seu público.

Figura 2
Tripé da educação ambiental

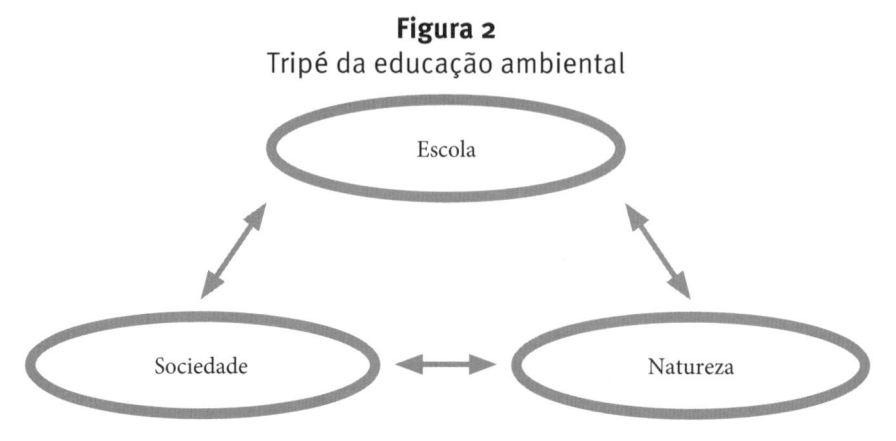

```
        Escola
       ↙      ↘
  Sociedade ↔ Natureza
```

Fonte: SANTOS, M. M. J. (2020)

Quando se quebram as fronteiras do conhecimento, o ensino-aprendizagem pode ser flexibilizado e dar lugar ao interesse pela ação participativa, com a quebra de hierarquias. Desse modo, todos os partícipes têm a contribuir ativamente no processo educativo. A inserção na EA não pode ser de maneira diferente à da troca de saberes entre todos que compõem a realidade de cada recorte espacial.

A inserção familiar é outro pilar de extrema importância para atingir as práticas de EA. Não basta abrir as portas da escola. Deve haver uma estrutura consolidada entre todos integrantes de uma comunidade, de modo que os estudantes possam refletir sobre questões socioambientais da realidade local a serem trabalhadas e discutidas junto às demandas globais. Pela consolidação e a formação dos educandos como sujeitos ativos do seu lugar, a inserção de seus familiares se torna muito mais instigante, fator que tende a se propagar dentro da rede de saberes até outros agentes sociais.

A interiorização da EA no espaço escolar e sua expansão para a comunidade local não se mostram fáceis. Existem resistências em todos os níveis, desde a formação docente até a dos agentes sociais no entorno da escola. De uma extremidade a outra deve haver uma fluidez de saberes e ações em prol do meio, e a construção desse processo requer comprometimento e quebra de hierarquia, sendo um aprendizado conjunto em que a disseminação de conhecimento emerge de todos os partícipes.

Para se consolidarem ações desse nível, a base estrutural deve conter o suporte e a contribuição de todos: gestão escolar, corpo docente, estudantes, equipe técnica e de apoio geral, familiares, poder público, proprietários dos meios de produção e comunidade em geral. Integrar todos em prol do compromisso com a conservação ambiental, para além de ações meramente pontuais, é o maior desafio. Por isso, deve-se ter o conhecimento dos grandes temas globais que impactam todo o mundo e o aprofundamento sobre os efeitos disso na realidade socioambiental onde a escola está.

Conforme já relatado, para cada recorte espacial há diferenciações em todas as esferas. Por esse motivo, não há modelos prontos a serem aplicados. A proposta é a escola instigar seus partícipes a identificar a respectiva realidade e a romper as barreiras invisíveis que se justapõem espacialmente.

As sequências didáticas se apresentam aqui como recurso metodológico basilar, que contribui para práticas educativas fortalecidas pelas potencialidades locais, a partir de ações democráticas mais humanizadas e acessíveis.

Em todo o mundo há experiências que buscam essa quebra de barreiras. No Brasil, não é diferente. Já foram publicados vários trabalhos voltados ao estímulo dessas práticas, como os de Díaz-Barriga, Antoni Zabala, Paulo Freire, entre tantos outros que seguem esta linha de pensamento: executar práticas pedagógicas contínuas inerentes à transformação de sua realidade socioambiental.

Diante desses desafios, nesta obra busca-se contribuir com elementos para pensar cada realidade local articulada aos grandes temas socioambientais. Porém somente cada comunidade escolar é capaz de identificar a problemática que a cerca.

Sequência didática – integração socioambiental ao lugar

As sequências didáticas (SDs) são ferramentas pedagógicas de extrema importância para nortear o ensino-aprendizagem. Essa forma de organização oferece ao professor e ao estudante a possibilidade de visualizar o entrelaçamento de todo o processo educativo, desde o planejamento até o cumprimento das metas propostas. A percepção de todas as etapas do processo educativo constitui instrumento essencial ao desenvolvimento do processo pedagógico.

Nesta obra, busca-se propor sequências didáticas focadas em temas amplos socioambientais, para que a comunidade escolar possa visualizar os múltiplos caminhos de abordagem para conectar esses temas à escala local.

Díaz-Barriga (2014), nessa linha de atuação, esquematiza de modo elucidativo as etapas de sequências didáticas a partir de um problema-eixo. Essa esquematização serve ao delineamento e à articulação de etapas que podem ser cumpridas dentro da perspectiva da EA (Figura 3).

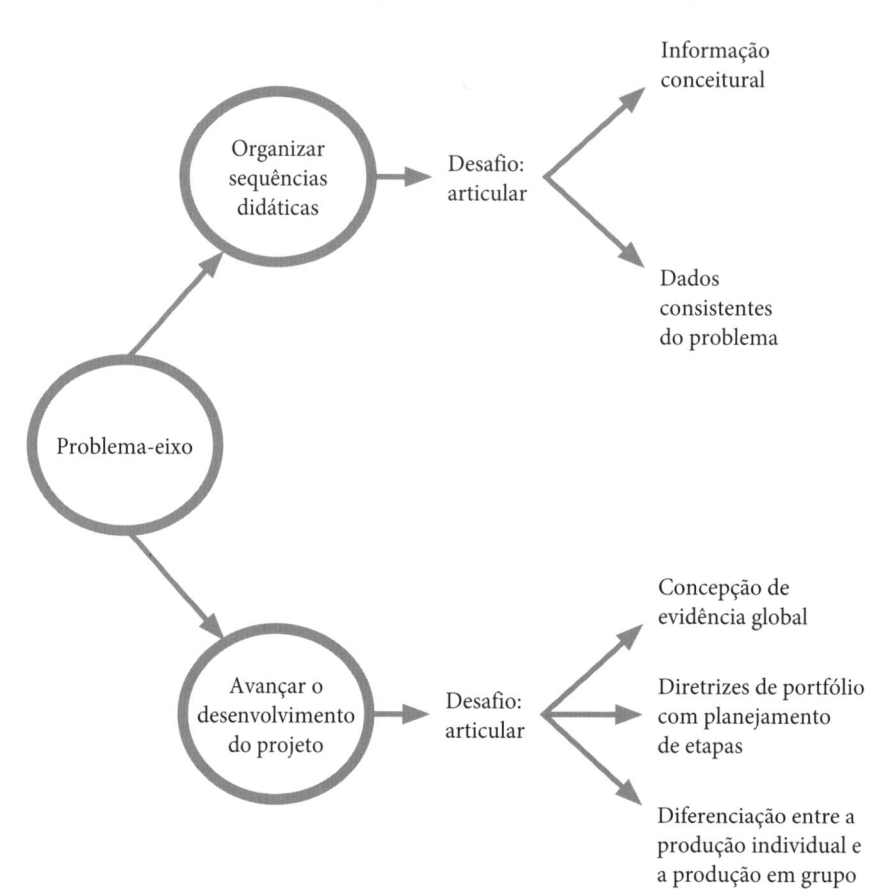

Figura 3
Problema-eixo, elemento integrador do trabalho pedagógico (traduzida)

```
                    ┌─ Informação conceitual
   Organizar        │
   sequências ──→ Desafio:
   didáticas       articular
      ↑             │
      │             └─ Dados consistentes do problema
Problema-eixo
      │             ┌─ Concepção de evidência global
      ↓             │
   Avançar o        │
   desenvolvimento ──→ Desafio: ──┼─ Diretrizes de portfólio
   do projeto        articular    │  com planejamento de etapas
                                  │
                                  └─ Diferenciação entre a
                                     produção individual e
                                     a produção em grupo
```

Fonte: Díaz-Barriga (2014).

As sequências didáticas descritas a seguir não são modelos prontos a serem replicados. O intuito delas é servir de base propagadora para articular grandes temas socioambientais à realidade de cada comunidade escolar, a partir da autonomia do professor em conjunto com seus estudantes.

Elas estão organizadas em módulos. Na primeira etapa de cada módulo, serão usados documentários ou filmes como recursos pedagógicos que abordem a problemática socioambiental, assim como aqueles que enfatizem exemplos de ações sustentáveis nas escalas global e/ou nacional. Salienta-se que os recursos aqui sugeridos estão disponíveis em plataformas gratuitas, como YouTube, Videocamp, entre outras. Essas sugestões podem ser substituídas, a critério da equipe pedagógica que pretender aplicar as sequências indicadas.

Foi sugerida a exibição de duas produções, com o intuito de apresentar tipos de impacto socioambiental em duas escalas espaciais: a mundial e a nacional, uma vez que as problemáticas em questão não podem ser vistas como elementos restritos à área específica onde as produções foram realizadas. O objetivo dessas exibições é proporcionar a análise crítica sobre esses temas globais e possibilitar a articulação às problemáticas locais.

Outra questão é que, pelas especificidades de cada comunidade escolar, os módulos, embora sejam parte de uma sequência didática, podem ser utilizados de forma independente e autônoma.

As propostas a seguir foram planejadas em quatro e três módulos, respectivamente. Cada módulo com duas etapas, que podem ser executadas num cronograma que melhor se encaixe às especificidades de cada calendário escolar. Dessa forma, embora os módulos possam ser executados numa continuidade de ações, eles podem ser geridos e efetuados de modo independente, de acordo com a organização de cada comunidade escolar.

Como já foi dito, deve-se considerar a heterogeneidade multidimensional do espaço geográfico e os diferentes constituintes que formam as especificidades de cada lugar (elementos socioeconômicos, culturais, históricos e naturais). Em relação a esse mosaico de fatores, não há modelos prontos para serem trabalhados em cada lugar. Logo, as SDs devem ser propositivas, para fortalecer a rede de ações nos distintos recortes espaciais.

SEQUÊNCIA I
MEIO AMBIENTE E RECURSOS: DA EXPLORAÇÃO AO DESCARTE

Tema socioambiental: Meio ambiente e recursos: da exploração ao descarte.

Público-alvo: Estudantes do ensino fundamental maior e do ensino médio.

Localização: Instituições de ensino fundamental maior e de ensino médio localizadas em áreas urbanas ou rurais.

Quantidade de estudantes: A critério dos envolvidos nas sequências didáticas.

Período de desenvolvimento: Esta prática parte da autonomia de cada comunidade escolar. Logo, a esquematização da sequência didática está proposta aqui de maneira modular. As atividades poderão ser desenvolvidas ao longo de todo o ano letivo ou em períodos de tempo menores. Essa opção de trabalhar com autonomia visa valorizar as especificidades de cada realidade escolar.

Na esquematização a seguir (Quadro 2), estão descritas as etapas e as temáticas que podem ser executadas no âmbito de práticas educativas. Deve-se enfatizar que, quando se menciona a escala local, se consideram as ações no cotidiano escolar e familiar e a difusão de atuações que podem ser encadeadas nas relações entre amigos, familiares e comunidade em geral. Esse propósito de pensar, planejar e executar em rede tem o intuito de fortalecer a propagação e a continuidade de ações voltadas para a EA.

Quadro 2
Meio ambiente e recursos: da exploração ao descarte

Proposição de temas a serem discutidos, analisados e executados		
Módulos	Temáticas socioambientais globais e locais a serem trabalhadas	Conhecimento e comprometimento socioambiental (empresas, Estado, consumidor)
Exploração	• Escassez de recursos naturais; • Degradação e desastres ambientais; • Alteração na dinâmica de ecossistemas; • Maiores centros fornecedores de matéria-prima e recursos mais explorados mundialmente e ameaçados de extinção; • Recursos mais explorados na escala local; • Principais alterações socioambientais ao longo do tempo na escala local.	• Investigar sobre os principais elementos que geraram a escassez de vários recursos naturais, assim como as ações atuais que direcionam para a saturação da disponibilidade de recursos para atender às demandas da sociedade; • Pesquisar como ao longo do tempo os ecossistemas vêm sendo alterados/degradados; • Identificar as principais áreas do planeta e do Brasil mais degradadas a partir da exploração dos recursos naturais e dos seus impactos na paisagem; • Conhecer formas inovadoras que permitam a redução dos impactos ambientais; • Realizar uma pesquisa junto ao poder público, às empresas, aos pais e os avós, a fim de identificar os principais recursos naturais explorados na comunidade; • Identificar as principais alterações na paisagem ao longo dos anos consequentes da exploração dos recursos naturais; • Buscar estratégias para minimizar os danos socioambientais oriundos de ações devastadoras; • Contribuir com a divulgação de estratégias que permitam a conservação ambiental a partir de ações locais.

Produção	• Alterações no processo produtivo ao longo do tempo e seus respectivos impactos socioambientais; • Localização dos maiores centros produtores de mercadorias ao longo da história; • Exemplos de produções sustentáveis no mundo; • Tipos de produção na escala local e suas respectivas alterações no meio; • Possibilidades de obter produção local mais sustentável; • Formas de produção de alimentos.	• Pesquisar sobre as mudanças no processo produtivo, os seus respectivos impactos socioambientais e os diferentes centros de produção e suas respectivas especialidades produtivas ao longo do tempo; • Realizar uma pesquisa sobre como as diferentes formas de produção geraram grandes danos socioambientais ao longo da história, considerando as diferentes escalas geográficas; • Compreender o processo de transformação para modos de produção sustentáveis e os seus respectivos benefícios socioambientais; • Identificar os principais tipos de produção local, assim como os seus respectivos impactos socioambientais; • Buscar formas de articulação social para intervir e possibilitar produções mais sustentáveis; • Experimentar a produção de alimentos a partir da horta doméstica (escola, residência), sem intervenção de agrotóxicos, a partir de fertilizantes naturais, os quais podem ser elaborados domesticamente, assim como a troca de mudas.

| Consumo | • Aceleramento do consumo em escala mundial;
• Desequilíbrio entre os maiores consumidores mundiais e os que consomem abaixo das necessidades fisiológicas;
• *Lowsumerism* (consumo consciente, redução do consumo);
• Pegada ecológica:
  • Consumo na escola;
  • Nível de consumo individual;
  • Uso de embalagens desnecessárias;
  • Formas de praticar *lowsumerism* (consumo consciente, redução do consumo). | • Conhecer como se deu o processo que levou ao consumismo global;
• Identificar o paradoxo social na rede de consumo (consumismo e ausência dos elementos básicos para a sobrevivência);
• Pesquisar sobre exemplos de *lowsumerism* (consumo consciente, redução do consumo);
• Calcular a pegada ecológica individual e comparar com a média global:
  • Identificar maneiras de executar o consumo mais sustentável na escola;
  • Avaliar o nível de consumo individual;
  • Reduzir o uso de embalagens desnecessárias;
  • Buscar alternativas para realizar o *lowsumerism* (consumo consciente, redução do consumo). |

Descarte	- Diferentes tipos de descarte de resíduos sólidos e efluentes, assim como os seus respectivos impactos socioambientais; - Áreas mais atingidas do planeta pelo descarte predatório com análise dos principais impactos socioambientais; - Estratégias sustentáveis de descarte; - Política Nacional dos Resíduos Sólidos; - Conhecimento sobre a funcionalidade dos alimentos, para obter o máximo aproveitamento deles; - Tipos de descarte mais frequentes na escala local; - Desperdício de alimentos em estabelecimentos comerciais e na própria residência; - Reaproveitamento de alimentos; - Compostagem; - 7Rs – Repense, reintegre, responsabilize-se, recuse, reduza, reaproveite e recicle.	- Pesquisar sobre os diferentes tipos de descartes de resíduos sólidos e efluentes, assim como os seus respectivos impactos socioambientais; - Identificar as áreas mais atingidas do planeta pelo descarte predatório e analisar os principais impactos socioambientais; - Pesquisar sobre estratégias sustentáveis de descarte; - Conhecer a Política Nacional dos Resíduos Sólidos; - Gerar maior conhecimento sobre a funcionalidade dos alimentos, para obter o máximo aproveitamento deles; - Investigar sobre as diferentes formas de descarte predatório na escala local, a partir dos diferentes agentes sociais; - Conhecer o gerenciamento dos resíduos em sua localidade; - Investigar sobre as diferentes formas de descarte predatório na escala local, a partir dos diferentes agentes sociais; - Buscar estratégias para oportunizar novas formas de descarte, mais sustentáveis; - Usar as sobras de alimentos que não foram utilizadas na alimentação para realizar a compostagem; - Gerar maior conhecimento sobre a origem dos produtos adquiridos, assim como da melhor forma de uso (reaproveitamento) e descarte; - Planejar a execução dos 7Rs no cotidiano.

Fonte: SANTOS, M. M. J. (2020).

Como foi explicitado na discussão anterior, os módulos são independentes e poderão ser trabalhados de acordo com a disponibilidade de cada instituição de ensino. Para essa sequência, segue o planejamento de modo contínuo e independente.

Ao lançar a proposta de se trabalhar a correlação entre meio ambiente e consumo, emergem distintas indagações que perfazem o cotidiano de todos. Essa temática, assim como os demais temas socioambientais, permeiam as diferentes escalas geográficas. No âmbito mundial, a degradação se torna mais explícita. Isso pelos esforços científicos e de diferentes agentes sociais à frente na busca por frear a devastação ambiental oriunda das etapas de exploração, produção, consumo e descarte. Na escala local, as especificidades requerem a atuação de cada comunidade, e, dentro dessa esfera, a escola é um instrumento valioso para instigar seus partícipes à análise crítica do seu meio e à consequente prática e difusão da EA.

Cada módulo, portanto, será constituído de atividades que abordarão as amplas questões socioambientais e suas respectivas ligações com o espaço local. Dentro dessa perspectiva, as abordagens sugeridas nesta sequência não são proposições fechadas, mas pretendem servir como instrumentos basilares de apoio à expansão das possibilidades e especificidades a serem identificadas e analisadas em cada comunidade escolar, para que atuem em suas respectivas localidades.

A sequência foi desenvolvida pensando em um calendário escolar de quatro bimestres. Dessa forma, cada módulo poderá ser desenvolvido ao longo de um bimestre ou em outro tipo de cronograma escolhido. A continuidade dos módulos fica a critério de cada instituição.

MÓDULO 1
EXPLORAÇÃO DOS RECURSOS NATURAIS

A exploração dos recursos naturais é um ato essencial para a sobrevivência humana. Em diversas civilizações, de muitas formas e intensidades, elementos da natureza foram extraídos com o propósito de abastecer as necessidades humanas. Com a lógica de modernização das técnicas produtivas e de acumulação, a retirada de recursos, de maneira predatória, foi acelerada. Isso levou à degradação de distintos ecossistemas e à extinção de várias espécies.

Através de um olhar didático, o tema "exploração dos recursos naturais" pode se estender a todas as disciplinas escolares e ser trabalhado de diferentes maneiras com a comunidade local a partir de ações em EA.

Neste planejamento, para cada etapa há uma proposta de desenvolvimento das atividades, conectadas entre si pelo uso de diferentes instrumentos metodológicos. Ressalta-se, ainda, que o cronograma de entrega das metas semanais pode ser alterado de acordo com as especificidades de cada comunidade escolar. As mesmas metas poderão ser cumpridas quinzenalmente ou em outros prazos estipulados por cada grupo de ação, considerando a flexibilidade das atividades pedagógicas.

PRIMEIRA ETAPA
(semana, quinzena, mês, bimestre, semestre)

Introdução

Apresentação da sequência e da discussão sobre os temas com os professores e os estudantes envolvidos, assim como das respectivas ações de comprometimento socioambiental a partir das abordagens trabalhadas.

Desenvolvimento

Após a apresentação e a discussão da proposta da sequência, as primeiras atividades a serem realizadas se referem ao direcionamento de pesquisas sobre:

- Escassez de recursos naturais;
- Degradação e desastres ambientais;
- Alteração na dinâmica de ecossistemas;
- Maiores centros fornecedores de matéria-prima e recursos mais explorados mundialmente e ameaçados de extinção.

Para esses temas, será necessário:

- Investigar sobre os principais elementos que geraram a escassez de vários recursos naturais e sobre as ações atuais direcionadas à saturação da disponibilidade de recursos para atender às demandas da sociedade;
- Pesquisar como ao longo do tempo os ecossistemas vêm sendo alterados/degradados;
- Identificar as principais áreas do planeta e do Brasil mais degradadas a partir da exploração dos recursos naturais e os seus impactos na paisagem;
- Conhecer formas inovadoras que permitem a redução dos impactos ambientais.

Instrumentos metodológicos

Para esta primeira etapa, os principais instrumentos metodológicos serão a aplicação de um questionário de sondagem aos estudantes envolvidos nas atividades (segue modelo adiante). Com esse recurso, é possível obter uma compreensão sobre o nível de conhecimento e de interesse que os discentes têm em relação à temática. A seguir, se apresenta a temática, com discussão sobre as etapas a serem cumpridas, com a possibilidade de alteração dos tópicos propostos.

Nessa perspectiva, é recomendada a exposição de dois documentários (sempre que indicarmos o uso de filmes/documentários nas atividades, sugerimos que sejam buscados em plataformas como YouTube). O primeiro é *A história das coisas*, dirigido por Louis Fox e que estreou em 2007. Esse documentário retrata, de maneira simplificada, as etapas do sistema que vai da extração ao descarte, denominado economia dos materiais. O segundo, *Ser tão velho cerrado*, é um documentário brasileiro dirigido por André D'Elia. Nessa produção, são retratados os impactos socioambientais no cerrado brasileiro oriundos do agronegócio.

Após a apresentação dos vídeos, encaminha-se à discussão geral sobre o tema apresentado. Os estudantes serão orientados a realizarem uma observação do espaço local, assim como a realização de pesquisas na internet sobre os temas propostos. As consultas serão direcionadas para permitir uma contextualização geral sobre os tópicos abordados com as especificidades locais.

Avaliação

Nesta fase, pretende-se obter maior conhecimento a respeito da percepção dos estudantes sobre a natureza, a partir dos resultados do exercício de sondagem. Assim, com esse diagnóstico, torna-se possível traçar melhor as estratégias de ensino-aprendizagem no decorrer do percurso.

Para essa etapa, ainda, busca-se direcionar os estudantes ao desenvolvimento de pesquisas na internet sobre a dimensão dos níveis de degradação oriundos da exploração desenfreada dos recursos naturais. Com essa consciência dos problemas macro, poderão associar as informações obtidas à observação do seu lugar, desenvolvendo um olhar crítico e articulado às amplas questões socioambientais. A partir dessa base de conhecimento, é sugerida a criação de contas em redes sociais como Instagram, Facebook e YouTube para divulgar os resultados de cada etapa da sequência didática e contribuir com a difusão da EA.

Exemplo de questionário de sondagem acerca da percepção do aluno sobre a natureza

1) O que é meio ambiente para você?
   _____
   _____

2) Qual é a importância que o meio ambiente tem para você? (Anote com um X abaixo do número que representa a importância do meio ambiente para você.)

1 (nada importante)	2	3	4	5	6	7	8	9	10 (muito importante)

3) A importância que o meio ambiente tem hoje na sua vida é a mesma de antes? Caso alterada, o que contribuiu para essa mudança?
   _____
   _____
   _____

4) Para você, o que é educação ambiental (EA)? Onde ela deve ser praticada?

_____
_____
_____

5) Ao longo de sua jornada escolar, quais disciplinas mais abordaram a EA? Abordaram de modo isolado ou de modo conjunto com outras disciplinas? E quais são as maiores contribuições dessas abordagens em seu cotidiano?

_____
_____
_____

6) Em sua vida pessoal, quais ações sustentáveis você e sua família têm o hábito de praticar no cotidiano?

_____
_____
_____

7) Sobre os temas socioambientais citados a seguir, assinale aquele(s) sobre o(s) qual(is) você tem maior conhecimento e interesse.

		1 (pouco)	2	3	4	5 (muito)
Mudanças climáticas	conhecimento					
	interesse					

( ) Mudanças climáticas
( ) Aquecimento global
( ) Desmatamento
( ) Emissão de poluentes
( ) Extinção de flora e fauna
( ) Ocupação urbana desordenada
( ) Produção industrial e descarte de resíduos domésticos
( ) Áreas de conservação
( ) Extinção de espécies da fauna e da flora
( ) Consumo e descarte consciente

8) Em sua comunidade, quais são os dois maiores desafios socioambientais a serem superados? Explique o porquê de cada um.

_____
_____
_____

9) Você tem algum envolvimento com alguma prática de EA dentro e/ou fora da escola? Caso sim, com quais? Caso não, gostaria de ter?

_____
_____
_____

10) Em seu cotidiano, você e sua família desenvolvem atividades que se integrem com a natureza?

_____
_____
_____

11) No momento, você se percebe como parte do meio ambiente? Por quê?

_____
_____
_____

SEGUNDA ETAPA
(semana, quinzena, mês, bimestre, semestre)

Introdução

Esta etapa tem o intuito de promover a discussão sobre os resultados das pesquisas realizadas na etapa anterior, direcionando para o entendimento da articulação entre o global e o local. O conhecimento obtido sobre as questões de níveis global e nacional permite encaminhar ao aprofundamento do conhecimento sobre o local e de como ele está estritamente associado às dimensões maiores.

Com essa base de conhecimento mais geral, é possível abordar as especificidades locais, de modo que os envolvidos na sequência tenham a compreensão do quanto o local e o global são interdependentes, seguindo a mesma lógica de interdependência dos elementos da natureza.

Desenvolvimento

Neste momento da sequência, a escala local é objeto basilar para a construção de um pensamento articulado em que o conhecimento sobre a problemática na macroescala pode ser integrado às questões socioambientais que permeiam a comunidade local.

Os temas a serem desenvolvidos são:

- Recursos mais explorados na escala local;
- Principais alterações socioambientais ao longo do tempo na escala local.

Para essa fase, será necessário:

- Realizar pesquisa junto ao poder público, às empresas, aos pais e os avós, a fim de identificar os principais recursos naturais explorados na comunidade;
- Identificar as principais alterações na paisagem ao longo dos anos consequentes da exploração dos recursos naturais;
- Buscar estratégias para minimizar os danos socioambientais oriundos de ações devastadoras;
- Contribuir com a divulgação de estratégias que permitam a conservação ambiental a partir de ações locais.

Instrumentos metodológicos

Nesta etapa, será necessário que os estudantes elaborem instrumentos de pesquisa, como questionários e/ou roteiros de entrevistas, para coletarem dados sobre a extração de recursos naturais na comunidade local. Ainda devem ser ressaltadas questões direcionadas à percepção da população local, dos agentes públicos e do empresariado sobre as possibilidades de proporcionar menos impactos com a extração local.

As perguntas devem estar alinhadas ao conhecimento obtido na etapa anterior. Dessa forma, será possível compreender a relação entre os impactos globais e a dinâmica local.

Avaliação

A partir da associação da temática nas diferentes escalas geográficas, os envolvidos na sequência devem ter conhecimento para mencionar os principais impactos locais e propor ações que minimizem os impactos socioambientais e viabilizem o exercício de atividades sustentáveis.

■ MÓDULO 2 PRODUÇÃO

O processo produtivo é uma etapa importante voltada para atender às demandas de mercado, ou seja, o consumo, que pode ser caracterizado pela aquisição de bens que vão muito além das necessidades básicas (consumismo). A busca desenfreada por produtos fomenta o processo produtivo, que se renova cotidianamente para fabricar produtos introduzidos ao mercado consumidor. O grande marco para essa aceleração foi a Revolução Industrial, que possibilitou a modernização das técnicas produtivas, o aumento da produtividade e a especialização na geração de diferentes produtos.

Esta parte da sequência didática está dividida em duas etapas, que buscam evidenciar os principais impactos socioambientais do processo produtivo e identificar exemplos em âmbito mundial e nacional que se encaminham para uma produção mais sustentável.

Essa base geral torna mais fácil a articulação com a escala local para proporcionar um direcionamento a ações de comprometimento mais sustentável.

TERCEIRA ETAPA
(semana, quinzena, mês, bimestre, semestre)

Introdução

Esta etapa pode ser, de acordo com os critérios estabelecidos pelos envolvidos na sequência didática, a continuidade do módulo anterior ou o início de uma nova sequência didática. Nesta fase, serão discutidos os diferentes tipos de processos produtivos nas distintas escalas temporais e espaciais, assim como os seus impactos socioambientais. Ainda cabe identificar nesse âmbito alguns exemplos de modos de produção mais sustentáveis.

Desenvolvimento

Os temas abordados nesta etapa são essenciais para uma maior apreensão do funcionamento do processo produtivo e dos seus respectivos impactos socioambientais, assim como para a visualização de possibilidades de ações sustentáveis.

Os temas a serem desenvolvidos são:

- Alterações no processo produtivo ao longo do tempo e seus respectivos impactos socioambientais;
- Localização dos maiores centros produtores de mercadorias ao longo da história;
- Exemplos de produções sustentáveis no mundo.

Para esta fase, será necessário:

- Pesquisar sobre as mudanças no processo produtivo, os seus respectivos impactos socioambientais e os diferentes centros de produção e suas respectivas especialidades produtivas ao longo do tempo;
- Realizar uma pesquisa sobre como as diferentes formas de produção geraram grandes danos socioambientais ao longo da história, considerando as diferentes escalas geográficas;
- Compreender o processo de transformação para modos de produção sustentáveis e os seus respectivos benefícios socioambientais.

Instrumentos metodológicos

Para esta etapa, o caminho metodológico requer os mesmos procedimentos voltados à articulação entre os elementos constituintes da sequência e a conexão entre as distintas escalas geográficas. Dessa forma, um dos instrumentos essenciais para a coleta de dados secundários é uma pesquisa, através de fontes acadêmicas e jornalísticas, que possibilite o aprofundamento no tema discutido pelos envolvidos no processo da sequência didática. Assim, a partir desse pilar teórico, a análise crítica se torna mais consolidada para a continuidade na próxima etapa.

Outro recurso didático importante a ser usado nesta etapa é a exibição de documentários. O primeiro deles é *There's No Tomorrow* [*Não há amanhã*], dirigido por Dermot O'Connor, inspirado numa palestra realizada em 2004 pelo professor de Física David Goodstein. Nessa produção, é apresentada uma síntese sobre a saturação no uso dos recursos do planeta, o crescimento econômico e as possibilidades de reduzir os danos a partir de ações sustentáveis dos diferentes agentes sociais.

O segundo, *Sob a pata do boi*, é do ano de 2018 e foi dirigido por Marcio Isensee e Sá. A narrativa demonstra a cadeia da pecuária na Amazônia e a respectiva degradação do ecossistema ao longo dos anos, desde quando a ocupação e o desmatamento eram elementos incentivados pelo Estado. Na perspectiva de expansão de áreas para desmatar, estão atrelados vários setores de mercado, como a agroindústria, as redes varejistas e o consumidor.

Avaliação

A avaliação, nesta etapa, se dará por meio do debate e da construção de mapas mentais relacionados aos resultados das discussões sobre os documentários e ao conhecimento obtido nas etapas anteriores.

QUARTA ETAPA
(semana, quinzena, mês, bimestre, semestre)

Introdução

Esta etapa tem como intuito promover a análise dos efeitos socioambientais oriundos da produção na escala local. Para isso, ancora-se no conhecimento obtido nas etapas anteriores para proporcionar uma correlação com a problemática na escala local.

Nesta fase, cabe aos integrantes da sequência identificar as principais produções realizadas na comunidade local, além dos seus respectivos impactos socioambientais, e pensar em possibilidades sustentáveis que venham a contribuir com a coletividade de ações para um meio ambiente menos degradado e mais sustentável.

Desenvolvimento

O desenvolvimento desta etapa terá como objeto de pesquisa a escala local e suas interconexões com as demais escalas. A partir dessa lógica de interdependência, as atividades desenvolvidas nesta etapa têm como base a produção em seus diferentes níveis e técnicas agregadas. Pela identificação dos principais tipos de produção local, os estudantes poderão associá-los ao conhecimento obtido nas etapas anteriores e identificar os principais reflexos socioambientais da produção local, assim como contribuir com propostas de atividades mais sustentáveis, desde o âmbito individual ou familiar até práticas coletivas em suas respectivas comunidades.

Os temas a serem desenvolvidos são:

- Tipos de produção na escala local e suas respectivas alterações no meio;
- Possibilidades de obter produção local mais sustentável;
- Produção de alimentos.

Para esta fase, será necessário:

- Identificar os principais tipos de produção local, assim como os seus respectivos impactos socioambientais;
- Buscar formas de articulação social para intervir e possibilitar produções mais sustentáveis;
- Possibilitar a produção de alimentos a partir da horta doméstica (escola, residência) sem intervenção de agrotóxicos, a partir de fertilizantes naturais, que podem ser elaborados domesticamente, assim como a troca de mudas.

Instrumentos metodológicos

A partir dos conhecimentos estruturados ao longo da sequência, nesta etapa se busca ativar a troca de saberes entre os envolvidos no processo, junto a familiares, demais instituições e profissionais que possam contribuir com instruções favoráveis à efetivação de ações individuais e coletivas mais sustentáveis.

Nesta etapa de produção local, o instrumento pedagógico pode ser a visitação a alguma fábrica ou propriedade rural, para que os estudantes tenham maior compreensão sobre o processo produtivo em sua comunidade. Após essa visita, é possível propor debates sobre a importância socioeconômica dessa produção para o lugar e se ela poderia ser realizada de modo mais sustentável.

Podem ser feitas parcerias com empresas, instituições e profissionais de distintas áreas que venham a contribuir na execução de projetos, como a elaboração de substratos, compostagem com produção de chorume, irrigação, automação hídrica, entre outros, a critério das especificidades de cada equipe. O intuito dos caminhos metodológicos desta etapa é fortalecer a coletividade e o compromisso com o meio ambiente.

Avaliação

A avaliação, nesta etapa, se dá a partir do envolvimento dos membros da equipe com o desenvolvimento das atividades propostas. Dentro de todo o processo, opta-se pela avaliação qualitativa, pois o maior objetivo desta sequência é o comprometimento ambiental dos envolvidos, ao despertarem para as demandas emergentes que o planeta requisita.

Nesta etapa, ainda, é possível direcionar os estudantes para a construção e o manejo de uma horta escolar, assim como estimular a produção doméstica pelo envolvimento de familiares e pela parceria com o poder público e demais instituições que contribuam com a capacitação para o desenvolvimento dessa atividade.

■ MÓDULO 3
CONSUMO

Este módulo tratará do consumo, desde os extremos do consumismo até o nível em que não há um consumo suficiente para atender às necessidades fisiológicas. As ações sobre o meio ambiente, com a degradação de ecossistemas, da extração de recursos ao descarte de materiais não utilizados, são a causa de tal paradoxo.

Essa configuração desigual de níveis de consumo reflete as contradições de uma sociedade que assume a ótica de acumulação capitalista, em que coexistem na mesma esfera a ausência do necessário para a própria subsistência e a acumulação exacerbada. Tudo isso afeta diretamente o meio ambiente, saturando ecossistemas tanto a partir das técnicas rudimentares quanto das mais avançadas tecnologicamente, que exaurem um conjunto de elementos naturais, e os efeitos se propagam numa escala mundial.

Neste módulo, ainda, busca-se trabalhar com a expressão *lowsumerism*. O termo surgiu no ano de 2015, durante a realização de uma pesquisa de tendência de comportamento e consumo pela empresa BOX 1824. Seus resultados foram publicados em um documentário denominado *The Rise of Lowsumerism*, sugerido nesta sequência.

Assim, a questão do consumo se mostra como ferramenta importante para se trabalhar a EA. Todos os indivíduos consomem diariamente, em diferentes níveis. Nesta sequência, busca-se contribuir com maior conhecimento sobre o consumo e os seus respectivos impactos sobre o meio ambiente, assim como discutir possibilidades de um consumo mais sustentável.

QUINTA ETAPA
(semana, quinzena, mês, bimestre, semestre)

Introdução

Nesta primeira etapa do módulo, a intenção é obter uma base teórica para uma visão geral sobre os elementos que envolvem a lógica do consumo. Serão abordadas questões que envolvem a mudança global do padrão atual de consumo, em que a sociedade é induzida a consumir a todo o momento.

Com a mesma perspectiva, cabe mencionar as extremas desigualdades relativas ao consumo, em que milhões de pessoas no mundo e no Brasil estão abaixo da linha de pobreza e não conseguem consumir o necessário para suprir suas necessidades básicas.

Esses extremos entre a ausência do consumo necessário e o consumismo têm consequência direta sobre o meio ambiente, porque os recursos são retirados da natureza, são produzidos massivamente, são distribuídos desigualmente e são descartados de modo aleatório.

O encadeamento desta sequência didática com outros módulos permite uma visão crítica do panorama geral de degradação ambiental no planeta a partir dessa base e da transferência desse olhar para a escala local.

Desenvolvimento

O consumo, de modo aparente, mostra-se como uma simples ação que vem satisfazer o anseio de adquirir determinado produto, que parece necessário. Nesse processo, há várias questões a serem refletidas, pois, embora o desejo de consumo se mostre como algo individual, por trás da aspiração de consumir há fatores determinantes, há padrões sociais embutidos nessa lógica, e o consumidor precisa estar atento a isso.

Os temas a serem desenvolvidos são:

- Aceleramento do consumo em escala mundial;
- Desequilíbrio entre os maiores consumidores mundiais e os que consomem abaixo das necessidades fisiológicas;
- *Lowsumerism* (consumo consciente, redução do consumo);
- Pegada ecológica.

Para esta fase, será necessário:

- Conhecer como se deu o processo que levou ao consumismo global;
- Identificar o paradoxo social na rede de consumo (consumismo e ausência dos elementos básicos para a sobrevivência);
- Pesquisar sobre exemplos de *lowsumerism* (consumo consciente, redução do consumo);
- Calcular a pegada ecológica individual e comparar com a média global.

Instrumentos metodológicos

Os caminhos metodológicos desta etapa se dão a partir da investigação sobre a complexidade do ato de consumir. As pesquisas devem ser orientadas no sentido de visualizar as implicações socioambientais do consumo, desde os extremos dos maiores consumidores até o caso dos que não consomem o necessário para atender às necessidades fisiológicas. Deve-se, ainda, enfatizar o *lowsumerism* (consumo consciente, redução do consumo). O conhecimento sobre essas questões é essencial para contribuir com a próxima fase, em que o objetivo é a percepção local e a efetivação de ações individuais e coletivas.

Outro recurso pedagógico sugerido é o uso de dois documentários disponíveis no YouTube, que abordam toda a temática discutida. O primeiro é *The Rise of Lowsumerism*. Essa produção foi lançada em 2015 pela Box 1824, e em seu roteiro os hábitos de consumo são questionados, com indagações importantes à reflexão sobre a relação entre o comprar e o bem-estar.

O segundo documentário é *Ciclo da sustentabilidade – o essencial é invisível*, lançado em 2016. O seu roteiro é montado a partir da realização de seis projetos, de diferentes regiões do Brasil, que visam à propagação da cultura da sustentabilidade.

A partir da visualização e da discussão das questões abordadas nos documentários citados, juntamente com o conhecimento adquirido ao longo das pesquisas secundárias e primárias, é possível ampliar a reflexão sobre a problemática socioambiental e inspirar ações contínuas na escala local. Assim, pode ser sugerida a realização do cálculo da Pegada Ecológica individual.

Avaliação

O processo avaliativo desta etapa segue a mesma lógica das etapas anteriores. Será ancorado numa abordagem qualitativa cujo objetivo maior é a participação ativa e coletiva de todos os envolvidos, para um pensar e um agir mais sustentável. Nesta avaliação, é sugerida, ainda, a apresentação e a discussão dos resultados do cálculo da Pegada Ecológica.

SEXTA ETAPA
(semana, quinzena, mês, bimestre, semestre)

Introdução

Esta fase tem o intuito de articular os conhecimentos anteriores aos elementos que serão enfatizados no que diz respeito às relações de consumo na escala local. Essa articulação é importante no sentido de possibilitar reflexões sobre os níveis de consumo contínuo e exacerbado a que sociedade está submetida enquanto milhões de pessoas não têm acesso sequer ao consumo de itens básicos, de primeira necessidade.

Essas duas questões serão trazidas para a escala local para promover a discussão sobre as condições de consumo a que cada um está submetido e como possibilitar um consumo mais consciente de modo coletivo e individual.

Desenvolvimento

Neste momento da sequência, serão trabalhadas e discutidas formas de ações individuais e coletivas que permitam criar encaminhamentos na escala local para o *lowsumerism* (consumo consciente, redução do consumo). Essas ações serão orientadas pela base de conhecimento consolidada nas etapas anteriores.

Os temas a serem desenvolvidos são:

- Consumo na escola;
- Nível de consumo individual;
- Uso de embalagens desnecessárias;
- Formas de ingressar no *lowsumerism*.

Para esta fase, será necessário:

- Identificar maneiras de executar o consumo mais sustentável na escola;
- Avaliar o nível de consumo individual;
- Reduzir o uso de embalagens desnecessárias;
- Buscar alternativas para realizar o *lowsumerism*.

Instrumentos metodológicos

Nesta etapa, poderão ser utilizados diferentes recursos metodológicos na direção de um consumo mais consciente. As ações podem começar na própria escola, com a identificação dos níveis de consumo de insumos pelos diversos agentes que constituem a comunidade escolar.

É possível observar, por exemplo, os níveis de consumo de energia e de água, para o uso de papel A4, de copos descartáveis, de papel higiênico, de papel-toalha, entre outros elementos que a equipe de trabalho elenque como necessários. Para tanto, deve-se realizar a aplicação de um questionário com os colaboradores de cada setor e com os estudantes, com a intenção de alcançar um melhor dimensionamento do consumo escolar, e, a partir dos dados obtidos, traçar as estratégias de redução de consumo.

Essa abordagem incentiva o trabalho sobre a responsabilidade individual e a coletiva de todos na comunidade escolar. E são ações que podem ser transferidas ao âmbito familiar e serem expandidas até outras instituições, através da elaboração de uma cartilha virtual com exemplos de atitudes favoráveis ao consumo mais consciente em ambientes de trabalho/estudo e na própria casa.

Avaliação

Nesta etapa, a partir das metas e dos instrumentos metodológicos utilizados, busca-se fazer a avaliação qualitativa por meio da construção de uma cartilha virtual que contribua para o *lowsumerism*, com exemplos de ações a serem adotadas no ambiente de trabalho/estudo e no próprio cotidiano doméstico e social.

Questionário para aplicar à comunidade escolar

1) Segundo sua opinião, a sua instituição tem hábitos de consumo consciente? Por quê?

   _____
   _____
   _____

2) Você gostaria que a sua instituição adotasse hábitos mais sustentáveis? Por quê?

   _____
   _____
   _____

3) Na sua opinião, o que a sua instituição faz de menos e de mais sustentável?

Menos sustentável	Mais sustentável

4) Para você, quais são os principais desafios para a sua instituição adotar hábitos mais sustentáveis? Por quê?

_____
_____
_____

5) Você conhece algum exemplo de instituição ou de lugar que adota consumo consciente e gostaria que esse exemplo se estendesse à sua instituição? Caso sim, qual?

_____
_____
_____

6) Você estaria disponível para ajudar a implantar hábitos mais sustentáveis em sua instituição?

_____
_____
_____

7) E estenderia esses hábitos até as suas relações cotidianas fora de sua instituição? Por quê?

_____
_____
_____

8) Na sua opinião, o que deve ser feito para que os membros de sua instituição adotem hábitos mais conscientes?

_____
_____
_____

MÓDULO 4
DESCARTE

No último módulo desta sequência, será trabalhada a problemática socioambiental do descarte. Nesse estágio, tudo o que foi explorado, produzido e consumido será devolvido à natureza. Em todas as etapas anteriores há o descarte de resíduos e de efluentes, que na maior parte das vezes não se dá com base nos princípios da sustentabilidade, mas na lógica produtivista e consumista, que secundariza as especificidades da natureza.

Dessa forma, o descarte é a fase final de cada estágio. Logo, é necessário ter o máximo de comprometimento ambiental ao realizá-lo. Todos os agentes sociais devem estar extremamente comprometidos com a prática sustentável do descarte. A simples ação de descartar algum produto de modo inadequado pode trazer sérios problemas socioambientais, e o acúmulo dessas ações – desde as grandes empresas extrativas até o consumidor final – trouxe sérios danos ao planeta ao longo de séculos, muitos deles irreversíveis, como extinção de espécies, recursos exauridos e sérios desequilíbrios socioambientais.

Este módulo é extremamente importante, pois nele se trabalhará a devolução à natureza de resíduos que em etapas anteriores foram extraídos, processados e/ou consumidos. O descarte de resíduos é uma das questões mais discutidas no âmbito do meio ambiente, desde organizações não governamentais (ONGs) até o poder público. Fala-se bastante, nessas discussões, sobre a redução na geração de resíduos e como podem ser descartados de maneira mais sustentável sem implicar tantos problemas socioambientais.

Neste módulo final, procura-se trabalhar na mesma lógica dos anteriores, com duas etapas entrelaçadas tanto entre si quanto com os outros módulos. Sendo o último da sequência didática, busca-se enfatizar a importância emergente do comprometimento socioambiental de cada agente na sociedade para a garantia de um planeta mais equilibrado social e ambientalmente. Todos devem ter o compromisso de executar, propagar e requisitar do Estado e das empresas ações socioambientais mais justas e sustentáveis.

Nessa perspectiva, torna-se extremamente importante trabalhar a EA na escola e, por meio dessas ações, promover o conhecimento e o comprometimento ambiental além dos muros escolares, permitindo a participação conjunta de familiares, comunidade, poder público e empresas de modo geral.

As amplas questões discutidas aqui fazem parte do cotidiano de todos os agentes socioambientais. Logo, devem ser priorizadas como uma forma de possibilitar a qualidade de vida no planeta com mais justiça social. A sociedade contemporânea precisa compreender que os recursos disponíveis no planeta não são infinitos. Um agente importante para contribuir com essa compreensão é a escola, partindo de discussões teóricas e da propositura de ações concretas para uma aproximação com o meio ambiente, ou melhor, com a responsabilidade socioambiental e a difusão desse compromisso.

SÉTIMA ETAPA
(semana, quinzena, mês, bimestre, semestre)

Introdução

Nesta etapa, serão trabalhadas questões importantes que abordam o descarte e os seus respectivos impactos socioambientais. Assim, serão relevantes a pesquisa e a discussão sobre os diferentes tipos de descarte e os seus respectivos problemas nas escalas mundial e nacional.

Outra questão a ser tratada são as formas de descarte que gerem menos impactos socioambientais. Cabe buscar exemplos de países, localidades e empresas que estão à frente nisso, promovendo um descarte mais sustentável. Esses modelos devem servir de inspiração para a concretização de ações de comprometimento socioambiental.

Desenvolvimento

Nesta etapa da sequência, é importante abordar a temática em escalas geográficas maiores, para obter um amplo dimensionamento dos impactos socioambientais causados pelo descarte desordenado de resíduos e, posteriormente, a difusão do compromisso com o meio ambiente pelos diferentes agentes sociais.

Os temas a serem desenvolvidos são:

- Impactos socioambientais dos diferentes tipos de descarte;
- Maiores produtores e receptores de resíduos;
- Formas de promover um descarte mais sustentável;
- Desperdício de alimentos em estabelecimentos comerciais e na própria residência.

Para esta fase, será necessário:

- Pesquisar sobre os diferentes tipos de descarte de resíduos sólidos e efluentes, assim como os seus respectivos impactos socioambientais;
- Identificar as áreas mais atingidas do planeta pelo descarte predatório e analisar os principais impactos socioambientais;
- Pesquisar sobre estratégias sustentáveis de descarte;
- Analisar a Política Nacional dos Resíduos Sólidos;
- Obter maior conhecimento sobre a funcionalidade dos alimentos, para obter o máximo aproveitamento deles.

Instrumentos metodológicos

Para esta etapa, será necessário realizar pesquisa sobre os diferentes tipos de descarte predatório e os seus respectivos impactos socioambientais. Nesse contexto, é relevante que os estudantes conheçam exemplos mundiais de boa gestão de resíduos, assim como a Política Nacional de Resíduos Sólidos (Lei nº 12.305/10), os seus avanços e os maiores desafios para a sua implementação.

Neste módulo também é sugerida a exibição de dois documentários para abrir as discussões e as pesquisas sobre o descarte irregular e as possibilidades de um melhor gerenciamento dos resíduos. O primeiro documentário é uma produção de 2016, *Antes que vire lixo*, de caráter jornalístico, produzido por Beatriz Albertoni, Giulia Vidale e Paula Forster. Nessa produção, é realizada uma discussão sobre os severos problemas relacionados ao lixo, assim como sobre as etapas que antecedem o descarte.

O segundo documentário é *Cidades lixo zero*, produzido em 2018 e idealizado por Rodrigo Sabatini, presidente do Instituto Lixo Zero. Nessa produção, são discutidas importantes questões que levam a reflexões sobre o aproveitamento de recicláveis e orgânicos, contribuindo para a redução da produção de lixo.

Os problemas discutidos nessas produções instigam a pensar na responsabilidade individual e coletiva do consumidor no que diz respeito à produção e ao descarte de resíduos. São reflexões de extrema importância ao exercício da função social de cada agente modelador do espaço. Mas é necessária a compreensão de que, por trás de toda essa problemática, existem grandes corporações que indiscriminadamente produzem resíduos, lançados de forma predatória no meio ambiente.

Avaliação

Nesta etapa, a avaliação se dará a partir da elaboração de um portfólio que contenha dez exemplos de sucesso em relação ao descarte sustentável. O portfólio conterá três categorias, a saber: Empresas, Estado e Cidadão. Os estudantes ficarão livres para selecionar os melhores exemplos do mundo e do Brasil, que podem servir de inspiração na escala local. Após a construção desse instrumento didático, haverá discussões sobre os exemplos mencionados pelos grupos e, depois do debate crítico, a postagem em rede social, para a divulgação de ações sustentáveis.

OITAVA ETAPA
(semana, quinzena, mês, bimestre, semestre)

Introdução

Nesta etapa, a última da sequência, pretende-se concluir o conjunto de atividades indicadas no percurso didático sugerido. A conclusão delas não se dá pelo encerramento das práticas propostas na sequência, mas pelo cumprimento das metas recomendadas. Compreende-se que essas atividades são contínuas e devem ocorrer não apenas no cotidiano escolar, mas na vivência familiar e social. Outra importante questão defendida é que, além das ações individuais e coletivas, deve-se reivindicar a responsabilidade socioambiental das empresas e do Estado para se ter um planeta mais justo e menos degradado.

Será discutida, nesse momento, a problemática do descarte na escala local, assim como será realizada a compilação dos saberes construídos desde a primeira etapa.

Desenvolvimento

Após a base teórica sobre a problemática do descarte de resíduos nas dimensões espaciais mais amplas, neste momento é importante enfatizar as questões locais sobre a inconsequência no descarte de resíduos por empresas, Estado e cidadão, assim como a importância de realizar um descarte menos agressivo e mais sustentável.

Os temas a serem desenvolvidos são:

- Tipos de descarte mais frequentes na escala local;
- Desperdício de alimentos em estabelecimentos comerciais e na própria residência;
- Reaproveitamento de alimentos;
- Compostagem;
- 7Rs – Repense, reintegre, responsabilize-se, recuse, reduza, reaproveite e recicle.

Para esta fase, será necessário:

- Investigar sobre as diferentes formas de descarte predatório na escala local a partir dos diferentes agentes sociais;
- Conhecer o gerenciamento dos resíduos em sua localidade;
- Investigar as diferentes formas de descarte predatório na escala local a partir dos diferentes agentes sociais;
- Buscar estratégias para oportunizar novas formas de descarte, mais sustentáveis;
- Obter maior conhecimento sobre a funcionalidade dos alimentos, para obter o máximo aproveitamento deles;
- Usar as sobras de alimentos que não foram utilizadas na alimentação para realizar a compostagem;

- Ter maior conhecimento sobre a origem dos produtos adquiridos e sobre a melhor forma de uso (reaproveitamento) e descarte;
- Planejar a execução dos 7Rs no cotidiano.

Instrumentos metodológicos

Nesta etapa, propõe-se uma reflexão sobre as questões discutidas ao longo da sequência, para proporcionar uma ação simbólica de fechamento das sugestões elencadas durante o percurso pedagógico. É indicado investigar sobre o descarte de resíduos locais e pensar em como viabilizar a realização de descartes mais sustentáveis tanto no âmbito individual quanto no empresarial. Para efetivar essas ações, é imprescindível a atuação e a parceria do poder público.

Nesse sentido, a proposta de avaliação final é a construção de uma carta aos gestores públicos locais que demonstre elementos importantes sobre a degradação ambiental causada nas distintas etapas da utilização dos recursos, desde a produção ao descarte. Devem ter destaque, ainda, sugestões de mudanças na direção de ações mais sustentáveis.

Avaliação

Nesta etapa, o instrumento a ser avaliado será a carta produzida pelos estudantes aos representantes do Poder Público Municipal (Executivo e Legislativo), que deverá enfatizar questões socioambientais a serem melhoradas em âmbito local. A produção deve fundamentar as problemáticas mencionadas, destacando-se os impactos socioambientais. Também deve destacar os benefícios da adoção de ações mais sustentáveis.

É importante haver elementos fundamentadores nesse instrumento, que demonstrem a importância da coletividade e do elo, necessário, de ação entre os diferentes agentes sociais. A elaboração desse dispositivo é uma forma de dar ênfase à força de atuação que o cidadão pode e deve exercer em sociedade.

Esse exercício participativo contribui para a melhoria na tomada de decisões em ações políticas que envolvem diretamente todos os cidadãos. Por isso, cabe à escola trabalhar junto aos seus integrantes a ligação entre os grandes temas da grade curricular e as questões locais. É uma iniciativa que possibilita aulas mais dinâmicas, interativas e com o fortalecimento da atuação cidadã dos estudantes, que pode se estender à esfera familiar e à comunidade em geral.

Avaliação formativa

A junção de todos os elementos propostos, assim como daqueles que podem ser adotados segundo as especificidades de cada comunidade escolar, permite a disseminação de atividades contínuas em EA.

Nessa perspectiva, cada atividade proposta se mostra importante de modo individual, mas, sobretudo, dentro de uma lógica encadeada e participativa. Sendo assim, a reflexão sobre a participação dos diferentes agentes sociais, com ações efetivas na direção de um meio ambiente mais saudável e integrador, é um elemento fundamental da presente sequência didática.

A avaliação formativa, nesse contexto, se dá a partir do conjunto de reflexões e ações propostas e efetivadas durante a sequência didática. A efetivação desse conjunto, mais a divulgação dos produtos das diferentes etapas em canais de divulgação, tem o intuito não apenas de promover alterações na dinâmica local, mas também de difundir as propostas em EA, fortalecendo a rede de educadores e de difusores ambientais.

SEQUÊNCIA II
TRILHAS DO SABER:
EDUCAÇÃO AMBIENTAL E COMPROMETIMENTO COM AS PAISAGENS NATURAIS

Tema socioambiental: Trilhas do saber: educação ambiental e comprometimento com as paisagens naturais.

Público-alvo: Estudantes do ensino fundamental maior e do ensino médio.

Localização: Instituições do ensino fundamental maior e do ensino médio localizadas em áreas urbanas ou rurais.

Quantidade de estudantes: A critério dos envolvidos nas sequências didáticas.

Período de desenvolvimento: Como na sequência didática proposta anteriormente, a estruturação desta segue a lógica modular (de três módulos) em que os participantes têm autonomia para realizá-la de acordo com os respectivos calendários escolares e as especificidades de cada comunidade escolar.

O desenvolvimento desta sequência didática se constrói a partir da visualização de distintas paisagens naturais na comunidade local. Por meio de uma observação baseada na sustentabilidade, busca-se contribuir com o conhecimento e a valorização do patrimônio natural em cada recorte espacial.

Dessa forma, a esquematização seguinte mostra possibilidades de se trabalhar a EA com elementos constituintes da natureza local (Quadro 3). As etapas da sequência didática podem ser realizadas em diferentes cronologias, seguindo a ordem proposta ou de acordo com a dinâmica indicada por cada comunidade escolar.

Quadro 3
Trilhas do saber:
Educação ambiental e comprometimento com as paisagens naturais

Proposição de temas a serem discutidos, analisados e executados		
Módulos	Temáticas socioambientais globais e locais a serem trabalhadas	Comprometimento socioambiental (empresas, Estado, consumidor)
Paisagens e biomas mundiais e formações fitogeográficas brasileiras	• Distribuição dos ecossistemas no mundo; • Ecossistemas mais degradados e as respectivas causas dos danos socioambientais; • Principais consequências socioambientais da degradação dos ecossistemas; • Ecossistemas mais preservados; • Principais impactos socioeconômicos da degradação dos ecossistemas; • Distribuição dos ecossistemas no território nacional; • Disposição dos ecossistemas na escala estadual; • Tipos de ecossistema distribuídos na escala local.	• Pesquisar a distribuição dos ecossistemas no mundo; • Identificar os ecossistemas mais degradados e os principais causadores desses danos; • Pesquisar sobre os danos socioambientais oriundos da degradação dos diferentes ecossistemas; • Pesquisar como ao longo do tempo os ecossistemas vêm sendo alterados/degradados; • Pesquisar os diferentes ecossistemas distribuídos no Brasil e suas principais características; • Identificar os ecossistemas que compõem o território estadual; • Mapear os ecossistemas presentes na escala local.

| Degradação dos ecossistemas e suas consequências socioambientais | • Ecossistemas mais degradados do mundo;
• Ecossistemas mais degradados do Brasil, destacando os dois *hotspots*;
• Principais fatores para a degradação dos ecossistemas citados anteriormente;
• Exemplos de sucesso de recuperação de ecossistemas degradados no mundo e no Brasil;
• Atuação de ONGs e demais instituições em parceria com a população no processo de conservação ambiental (mundo e Brasil);
• Alterações nos ecossistemas locais;
• Espécies (animais e vegetais) que estão desaparecendo;
• Principais fatores que contribuem para a degradação dos ecossistemas locais;
• Formas de conservação dos ecossistemas locais. | • Pesquisar sobre os ecossistemas mais degradados do mundo;
• Identificar os ecossistemas mais degradados do Brasil, com enfoque nos dois *hotspots*;
• Pesquisar os principais causadores da degradação dos ecossistemas mundiais e nacionais;
• Realizar uma pesquisa sobre exemplos no mundo e no Brasil de recuperação de ecossistemas e ações sustentáveis;
• Identificar algumas ONGs e instituições e suas respectivas ações de conservação ambiental;
• Mapear as principais alterações dos ecossistemas locais;
• Identificar as espécies (animais e vegetais) mais ameaçadas de se extinguirem no espaço local;
• Verificar os principais fatores que contribuem para a degradação dos ecossistemas locais;
• Realizar uma forma de comprometimento com a conservação ambiental. |

Trilhas ecológicas interpretativas e conservação ambiental	- Formas de recuperar ecossistemas degradados; - Exemplos de conservação ambiental na escala mundial; - Experiências em nível nacional de recuperação e conservação ambiental (elencar exemplos relacionados a cada ecossistema brasileiro); - Maneiras de se integrar às potencialidades dos ecossistemas sem degradá-los; - Construção de jogos ecológicos; - Resgate de atividades lúdicas em contato com o meio ambiente; - Caminhos históricos; - Trilhas autoguiadas e/ou guiadas (caminhadas e ciclismo); - Pontos interpretativos da(s) trilha(s); - Acampamento; - Piquenique; - Ações de comprometimento com o ecossistema local.	- Identificar ações de sucesso para a recuperação de ecossistemas degradados; - Mapear exemplos internacionais de conservação de ecossistemas; - Pesquisar sobre exemplos de conservação de ecossistemas no Brasil; - Pesquisar sobre experiências de integração de atividades lúdicas com as potencialidades naturais através da conservação ambiental; - Desenvolver jogos ecológicos; - Resgatar atividades lúdicas que os avós e os pais praticavam em contato com o meio ambiente; - Construir trilhas interpretativas a partir de roteiros já existentes e/ou novos itinerários escolhidos pelos participantes da atividade em conjunto com a comunidade local; - Estimular o desenvolvimento de atividades em contato com a natureza, como acampamento, piquenique, entre outras sugeridas pela comunidade local; - Desenvolver um portfólio com ações de comprometimento ambiental.

Fonte: SANTOS, M. M. J. (2020).

Conforme sintetizado antes, a sequência poderá ser trabalhada na ordem sugerida ou de modo independente, de acordo com a adequação de cada comunidade escolar. Em cada módulo serão apresentadas amplas questões socioambientais referentes aos ecossistemas, assim como a investigação das especificidades locais e a aproximação de cada temática com as especificidades observadas.

Esta sequência está dividida em três módulos que podem ser distribuídos ao longo do ano letivo de diferentes formas, a critério de cada instituição de ensino.

■ MÓDULO 1
PAISAGENS E ECOSSISTEMAS
MUNDIAIS E BRASILEIROS

Neste módulo, serão destacados alguns elementos importantes sobre as paisagens naturais e as respectivas formações fitogeográficas que as constituem. Entender a dinâmica que permeia os diferentes ecossistemas é um contribuição importante ao compromisso com a conservação ambiental e a busca de estratégias cotidianas para aplicar de modo individual e coletivo.

O módulo é constituído de duas etapas. A primeira tem o intuito de constituir uma base teórica geral sobre a distribuição dos biomas no mundo, as suas respectivas características e as principais alterações na dinâmica deles pela degradação ambiental.

A segunda etapa terá como base a articulação da escala global com a local. O conhecimento obtido na primeira fase é essencial à compreensão da dinâmica local. Em ambas as etapas, serão utilizados recursos metodológicos distintos para uma aproximação com a problemática exposta e o entendimento da conexão entre as diferentes escalas geográficas.

PRIMEIRA ETAPA
(semana, quinzena, mês, bimestre, semestre)

Introdução

Nesta etapa, serão realizadas a apresentação da sequência e a discussão com todos os envolvidos no processo de ensino-aprendizagem sobre os temas propostos, assim como acerca dos recursos didáticos a serem utilizados para se obter o comprometimento socioambiental.

Desenvolvimento

A partir da apresentação e da discussão da proposta, se dá início às pesquisas com a temática abordada.

Os temas a serem desenvolvidos são:

- Distribuição dos biomas no mundo;
- Ecossistemas mais degradados e as respectivas causas dos danos socioambientais;
- Principais consequências socioambientais da degradação dos ecossistemas;
- Ecossistemas mais preservados;
- Principais impactos socioeconômicos da degradação dos ecossistemas.

Para este tema, será necessário:

- Pesquisar a distribuição dos ecossistemas no mundo;
- Identificar os ecossistemas mais degradados e os principais causadores desses danos;
- Pesquisar sobre os danos socioambientais oriundos da degradação dos diferentes ecossistemas;
- Pesquisar como ao longo do tempo os ecossistemas vêm sendo alterados/degradados.

Instrumentos metodológicos

Na primeira etapa da sequência, é importante fazer um diagnóstico do público que irá realizar as atividades sugeridas. Portanto, será aplicado um questionário de sondagem aos participantes, para um melhor direcionamento da proposta.

Serão expostos dois documentários que retratam a exuberância e a complexidade dos diferentes ecossistemas e, de outro lado, as distintas intervenções antrópicas que implicam degradação, risco de extinção e extinção de várias espécies e desequilíbrio de todo um ecossistema. Esse recurso viabiliza um entendimento melhor das amplas questões socioambientais.

O primeiro documentário é *Before the Flood – Seremos amanhã*. Essa produção foi lançada em 2016, sob a direção de Fisher Stevens, e traz dados e previsões alarmantes sobre os impactos socioambientais em todo o mundo oriundos das ações antrópicas.

O segundo é o filme *A Era da Estupidez*, que estreou em 2009, sob a direção de Franny Armstrong. A produção se inicia com um olhar de retrospectiva e de questionamento de um sobrevivente no ano de 2055 em relação à destruição do planeta devido às ações antrópicas.

O objetivo, com a exibição dessas duas produções, é abrir um debate ancorado no conhecimento prévio dos estudantes, obtido com as pesquisas feitas por eles durante o processo. Posteriormente, eles serão orientados a realizarem uma observação do espaço local, que será a base de desenvolvimento da próxima etapa.

Avaliação

Nesta primeira etapa da sequência, é importante obter maior conhecimento sobre a percepção dos estudantes em relação ao meio ambiente através dos resultados do exercício de sondagem. Com esse diagnóstico, é possível traçar melhor as estratégias de ensino-aprendizagem no decorrer do percurso. Também se busca nessa fase direcionar os estudantes a pesquisarem na internet sobre a dimensão dos níveis de degradação oriundos da exploração desenfreada dos recursos naturais. Munidos dessa consciência dos problemas macro, poderão associá-la à observação do seu lugar, o que torna possível um olhar crítico e articulado para as amplas questões socioambientais.

Outra ferramenta importante de difusão das práticas educativas é a criação de contas em redes sociais como Instagram, Facebook, YouTube, para divulgar os resultados de cada etapa da sequência didática e contribuir com a difusão da EA. As contas devem ser criadas e gerenciadas pelos professores organizadores da sequência didática.

Questionário de sondagem
sobre a percepção do aluno em relação à natureza

1) O que é meio ambiente para você?
   _____
   _____
   _____

2) Qual é a importância que o meio ambiente tem para você?
   _____
   _____
   _____

3) A importância que o meio ambiente tem hoje para você é a mesma de antes? Caso tenha sido alterada, o que contribuiu para essa mudança?
   _____
   _____
   _____

4) Para você, o que é educação ambiental (EA)? Onde ela deve ser praticada?
   _____
   _____
   _____

5) Ao longo de sua jornada escolar, quais disciplinas mais abordaram a EA? Abordaram de modo isolado ou de modo conjunto com outras disciplinas?
　_____
　_____
　_____

6) Quais são as maiores contribuições em seu cotidiano das disciplinas que abordaram a educação ambiental?
　_____
　_____
　_____

7) Em sua vida pessoal, quais ações sustentáveis você e sua família têm o hábito de praticar no cotidiano?
　_____
　_____
　_____

8) Sobre os temas socioambientais elencados a seguir, assinale aquele(s) sobre o(s) qual(is) você tem maior conhecimento e interesse.
　　( ) Mudanças climáticas
　　( ) Aquecimento global
　　( ) Desmatamento
　　( ) Emissão de poluentes

( ) Ocupação urbana desordenada
( ) Produção industrial e descarte de resíduos domésticos
( ) Áreas de conservação
( ) Extinção de espécies da fauna e da flora
( ) Consumo e descarte consciente

9) Em sua comunidade, quais são os maiores desafios socioambientais a serem superados? Explique o porquê de cada um.
_____
_____
_____

10) Você tem algum envolvimento com alguma prática de EA dentro e/ou fora da escola? Caso sim, qual(is)? Caso não, gostaria de ter?
_____
_____
_____

11) Em seu cotidiano, você e sua família conseguem ter atividades que se integrem com a natureza?
_____
_____
_____

12) No momento, você se percebe enquanto parte do meio ambiente? Por quê?
_____
_____
_____

SEGUNDA ETAPA
(semana, quinzena, mês, bimestre, semestre)

Introdução

Com a base construída na etapa anterior, nesta se busca aprofundar o conhecimento sobre a distribuição e a dinâmica dos ecossistemas existentes no território nacional, assim como mapear os que compõem a escala local de cada comunidade escolar. Esta etapa tem o intuito de promover a discussão sobre os resultados das pesquisas realizadas na antecedente, direcionando ao entendimento da articulação entre o global e o local. Depois de os alunos conhecerem as questões de níveis global e nacional, é possível encaminhá-los ao aprofundamento do conhecimento sobre o local e de como ele está estritamente associado às dimensões maiores.

Desenvolvimento

Nesta etapa, a escala local é a base para o entendimento da articulação entre as diferentes escalas geográficas.

Os temas a serem desenvolvidos são:

- Distribuição das formações fitogeográficas terrestres e dos ambientes marinhos e costeiros no território nacional;
- Disposição dos ecossistemas na escala estadual;
- Tipos de ecossistemas distribuídos na escala local.

Para esta fase, será necessário:

- Pesquisar os diferentes ecossistemas distribuídos no Brasil e suas principais características;
- Identificar os ecossistemas que compõem o território estadual;
- Mapear os ecossistemas presentes na escala local.

Instrumentos metodológicos

Para cumprir esta etapa, será necessário pesquisar na internet e em livros acerca da distribuição dos ecossistemas no território brasileiro e nos recortes espaciais que perfazem as escalas geográficas mais próximas, isto é, locais.

Ainda será utilizada como recurso didático nesta etapa uma entrevista semiestruturada para identificar junto à comunidade local a presença dos diferentes ecossistemas, assim como as suas respectivas alterações oriundas das intervenções antrópicas.

Esse roteiro de entrevista será direcionado a pessoas idosas, ou seja, com mais de 60 anos (nomenclatura de faixa etária adotada pelo IBGE). A delimitação etária se dá pela temporalidade, isto é, pela percepção das alterações nas paisagens locais através do tempo.

Salienta-se a indicação da gravação do áudio das entrevistas devidamente autorizadas. Essa recomendação deve-se à construção do *photobook*, em que serão utilizadas as frases para a legenda das imagens, com o objetivo de ser um instrumento avaliativo das alterações nas paisagens locais.

Outro recurso importante é a cópia, com a devida autorização, de registros fotográficos e/ou de vídeos que representem paisagens locais antigas. A coleta desses documentos permite a realização de uma análise das alterações nas paisagens ao longo do tempo. A partir da coleta desses dados primários, será possível traçar um mapeamento que avalie a representatividade das espécies ao longo dos anos e o equilíbrio dos ecossistemas locais.

Avaliação

A avaliação, neste momento, será feita a partir da aplicação de um roteiro de entrevista semiestruturada ao público-alvo (segue modelo adiante). Ressalta-se que as questões listadas podem ser modificadas de acordo com as especificidades de cada lugar e de cada grupo de trabalho.

Além da realização da entrevista, serão utilizados como instrumentos de avaliação o debate, a confecção de um *photobook* com fotografias antigas e atuais das paisagens locais, demonstrando as suas alterações, e trechos das gravações com os relatos dos entrevistados.

Roteiro de entrevista semiestruturada sobre as alterações das paisagens naturais na comunidade local

1) Ao comparar as paisagens percebidas na sua infância com as dos dias atuais, você consegue perceber alguma alteração na natureza local? Qual(is)?

    _____
    _____
    _____

2) Você conseguiria citar alguns tipos de animais e de plantas que existiam em grande quantidade antigamente e que atualmente não estão tão presentes?

Plantas que ainda existem, mas em pouca quantidade	Plantas que desapareceram	Animais que ainda existem, mas em pouca quantidade	Animais que desapareceram

3) Na sua opinião, quais lugares da comunidade foram mais alterados?
_____
_____
_____

4) Você consegue sentir alguma modificação em relação ao período de estiagem ou de chuvas entre os dias atuais e antigamente? Qual(is)?
_____
_____
_____

5) Em relação aos rios e à mata em volta deles, o que você percebe como maior diferença entre antigamente e hoje?

   _____
   _____
   _____

6) Na sua opinião, quais são os principais motivos para essa mudança na natureza?

   _____
   _____
   _____

7) Se você tivesse a oportunidade, gostaria de compartilhar saberes e receber dicas simples sobre o cuidado com a natureza? Por quê?

   _____
   _____
   _____

8) Você acha importante a escola trabalhar com os seus estudantes e com toda a comunidade temas sobre o cuidado com a natureza? Por quê?

   _____
   _____
   _____

9) Você tem alguma fotografia, imagem ou vídeo que mostra parte da natureza antigamente?

   _____
   _____

10) Você gostaria de deixar alguma sugestão de cuidados importantes em relação à natureza? Qual(ais)?

_____
_____
_____

■ MÓDULO 2
DEGRADAÇÃO DOS ECOSSISTEMAS E SUAS CONSEQUÊNCIAS SOCIOAMBIENTAIS

Serão retratados, durante este módulo, elementos importantes sobre a degradação dos diversos ecossistemas distribuídos mundialmente e na escala local. Serão pesquisados os mais degradados e os seus respectivos impactos socioambientais, por ações desordenadas que geram desequilíbrio ambiental cujo efeito se propaga por diferentes escalas geográficas.

Nas duas etapas propostas neste módulo, pretende-se envolver, ao máximo, os estudantes e a comunidade local na visualização da problemática. Isso pode contribuir com encaminhamentos ao compromisso socioambiental por atitudes individuais e coletivas e com a busca de maior integração e parceria com o poder público e as empresas, para fortalecer ações locais e encadeadas voltadas à sustentabilidade.

TERCEIRA ETAPA
(semana, quinzena, mês, bimestre, semestre)

Introdução

Nesta etapa, busca-se obter maior conhecimento sobre a degradação de ecossistemas nas escalas mundial e nacional. Após o entendimento da dinâmica de distribuição deles, é necessário compreender como se dá, em diferentes ritmos, a devastação de todo um sistema, que se torna desequilibrado e repercute esse desequilíbrio mundialmente, ameaçando não apenas a biosfera, mas também os elementos abióticos que constituem o planeta.

A qualidade de vida humana e a sua própria existência são comprometidas, como também as das outras espécies. A obtenção de conhecimento dos distintos níveis de degradação está voltada à extração de embasamentos teóricos e práticos para o exercício de ações sustentáveis no ambiente escolar e para a sua propagação às demais esferas sociais.

Desenvolvimento

As temáticas abordadas nesta etapa são fundamentais ao conhecimento sobre os níveis de degradação em distintos ecossistemas e seus respectivos impactos socioambientais.

Os temas a serem desenvolvidos são:

- Ecossistemas mais degradados do mundo;
- Ecossistemas mais degradados do Brasil, com destaque aos dois *hotspots*;
- Principais fatores para a degradação dos ecossistemas citados anteriormente;

- Exemplos de sucesso de recuperação de ecossistemas degradados no mundo e no Brasil;
- Atuação de ONGs e de outras instituições em parceria com a população no processo de conservação ambiental (no mundo e no Brasil).

Para esta fase, será necessário:

- Pesquisar sobre os ecossistemas mais degradados do mundo;
- Identificar os ecossistemas mais degradados do Brasil, com enfoque nos dois *hotspots*;
- Pesquisar os principais causadores da degradação em ecossistemas mundiais e nacionais;
- Pesquisar sobre exemplos no mundo e no Brasil de recuperação de ecossistemas e de ações sustentáveis;
- Identificar algumas ONGs e instituições e suas respectivas ações de conservação ambiental.

Instrumentos metodológicos

Os procedimentos metodológicos desta etapa serão direcionados à construção de uma base de conhecimento sobre a degradação dos diferentes ecossistemas e os seus respectivos impactos socioambientais. Esse entendimento é importante para maior compreensão dos elementos e das ações que implicam devastação e desequilíbrio natural.

O recurso metodológico será a pesquisa na internet e em livros e artigos científicos que abordem essa temática. A primeira tarefa é identificar os ecossistemas mais degradados e os principais fatores que levam a essa degradação; a segunda é, através do conhecimento e da catalogação de conservação ambiental nas escalas mundial e nacional, buscar inspiração para além da pesquisa, com a criação de portfólios e/ou podcasts para mostrar ações, no mundo e no Brasil, que tiveram sucesso na recuperação e na conservação de áreas com ecossistemas ameaçados.

O intuito desses recursos metodológicos é a compreensão da necessidade de participação da comunidade local para a conservação ambiental, assim como da colaboração ativa de empresários, de proprietários de terra e do poder público.

O meio ambiente é um patrimônio de todos, e não há fronteiras naturais que dividam esse legado. Para o sucesso de qualquer ação em prol da conservação ambiental, deve haver a participação ativa de todos os agentes sociais, e a escola é um elo importante na execução e na propagação dessas práticas.

Outro recurso didático importante nesta etapa é a exibição de dois documentários. O primeiro deles é *Onde a natureza faz história*, dirigido por Marcio Isensee e lançado pelo Instituto Ecofuturo em outubro de 2020. Na produção, é exposta a atuação conjunta de pequenos e médios proprietários rurais do município de Mogi das Cruzes (SP), que faz parte de um projeto do Instituto Ecofuturo em prol da conservação ambiental do entorno do Parque da Neblina.

O segundo documentário sugerido é uma produção da Fundação Joaquim Nabuco, intitulado *Caatingas em risco*, lançado em 2017, sob a direção de Augusto Amorim e Neison Freire. Essa produção é resultado de uma pesquisa de mapeamento de unidades de conservação e proteção integral na caatinga.

A junção desses recursos pedagógicos contribui para um debate mais consolidado, desencadeando uma análise crítica sobre a problemática ambiental e, consequentemente, o estímulo a ações voltadas à sustentabilidade.

Avaliação

A avaliação nesta etapa será feita, em um primeiro momento, pelo debate acerca dos resultados da pesquisa secundária junto às discussões oriundas dos documentários. Com a construção dessa base teórica, torna-se possível a construção do portfólio e/ou do podcast com exemplos mundiais e nacionais de ações de recuperação e de conservação ambiental.

QUARTA ETAPA
(semana, quinzena, mês, bimestre, semestre)

Introdução

Nesta etapa, busca-se aproximar do cotidiano a temática discutida e desenvolvida na fase anterior. Com a base teórica bem consolidada, torna-se mais fácil aplicar as estratégias para o exercício de sustentabilidade no dia a dia. Além disso, o conhecimento de exemplos de conservação ambiental pode ser considerado um motivador à concretização de ações locais.

Pela junção dos dados coletados anteriormente e das informações adquiridas nesta etapa, propõe-se atingir resultados que direcionem a ações de conservação ambiental no âmbito local, a partir do envolvimento de todos os agentes sociais que perfazem a comunidade.

Desenvolvimento

O objeto de pesquisa nesta fase é a degradação de ecossistemas presentes no espaço local. Assim, a partir da base teórica constituída, serão propostos procedimentos metodológicos que possibilitem o conhecimento sobre o desequilíbrio ambiental local e o comprometimento com a sustentabilidade pela recuperação e a conservação de ecossistemas.

Os temas a serem desenvolvidos são:

- Alterações nos ecossistemas locais;
- Espécies (animais e vegetais) que estão desaparecendo;
- Principais fatores que contribuem para a degradação dos ecossistemas locais;
- Formas de conservação dos ecossistemas locais.

Para esta fase, será necessário:

- Mapear as principais alterações dos ecossistemas locais;
- Identificar as espécies (animais e vegetais) mais ameaçadas de se extinguirem no espaço local;
- Verificar os principais fatores que contribuem para a degradação dos ecossistemas locais;
- Realizar uma forma de comprometimento com a conservação ambiental.

Instrumentos metodológicos

Nesta fase, serão utilizados de modo direto os instrumentos metodológicos que reúnem elementos usados no módulo anterior (dados tabulados a partir do roteiro de entrevista com as pessoas acima de 60 anos) e na etapa antecessora a esta. A junção desses recursos com os propostos nesta fase incide em indicações de caminhos pedagógicos que levem a ações favoráveis à conservação dos ecossistemas locais.

Para isso, será necessário realizar uma pesquisa junto a órgãos públicos como Secretaria de Meio Ambiente Municipal, Ibama e IBGE. A obtenção de informações nesses órgãos também deve ser ancorada num roteiro de entrevista semiestruturada, para melhor organização dos dados (segue modelo de entrevista adiante). Após a tabulação das informações obtidas, é possível fazer uma análise integrada com os dados oriundos do roteiro de entrevista aplicado no módulo anterior.

A aquisição de conhecimento e a análise crítica sobre os níveis de degradação dos ecossistemas locais permitem um melhor direcionamento ao exercício de comprometimento ambiental e de conservação dos ecossistemas.

Nesse contexto, através dos recursos metodológicos sugeridos, procura-se mapear as principais espécies que já não são frequentes no bioma, assim como evidenciar a percepção do comportamento dos demais elementos que compõem o ecossistema, a exemplo das temperaturas, dos períodos de estiagem, da concentração dos índices pluviais, dos níveis hidrográficos fluviais, entre outros constituintes do equilíbrio de um ecossistema.

Com os dados coletados, é possível propor diferentes atividades que venham a contribuir com a sustentabilidade. Uma delas seria identificar o nome científico das espécies mencionadas pelos entrevistado, a respectiva distribuição delas no mundo e a condição de conservação ambiental nas áreas em que são presentes. Outra ação interessante é confeccionar placas em materiais sustentáveis com o nome popular e o científico das plantas citadas.

A parceria com órgãos e profissionais da área ambiental é importante para promover capacitações e permitir a troca de saberes entre os envolvidos nas atividades da sequência, assim como entre familiares e pessoas em geral interessadas em ter ações mais sustentáveis. Outra possibilidade é a participação e a criação de projetos de ciência cidadã. A indicação desses caminhos metodológicos viabiliza o fortalecimento da coletividade e o compromisso com o meio ambiente, ou seja, com o próprio meio.

Avaliação

A avaliação nesta etapa se dá pelo envolvimento dos membros da equipe com o desenvolvimento das atividades propostas. A primeira parte é aplicar o roteiro de entrevista às instituições ambientais mencionadas, além de outras que cada equipe de trabalho identifique como importantes para a coleta de informações.

Após a obtenção dos resultados, serão identificados as condições de degradação e os principais contributos a essa conjuntura de desequilíbrio ambiental. Em seguida, a avaliação se dará pela confecção de placas com os nomes popular e científico das espécies vegetais mencionadas pelos entrevistados como menos frequentes na atualidade local.

Outra fonte avaliativa é a confecção de um *flyer* digital contendo a lista das espécies da flora e da fauna mais ameaçadas pelas práticas antrópicas indevidas. Esse recurso será postado nas redes sociais criadas na primeira etapa.

Roteiro de entrevista semiestruturada sobre as alterações das paisagens naturais na comunidade local

Instituições Ambientais Locais

1) Como a presente instituição avalia os seguintes quesitos no ecossistema local (anote com um X abaixo do número que representa o nível de alteração em relação a cada item mencionado).

	1 (pouco alterado)	2	3	4	5	6	7	8	9	10 (muito alterado)
Flora original										
Fauna original										
Nascentes										
Período de estiagem										
Chuvas torrenciais										
Cursos de água										
Presença de espécies exóticas (não nativas do ecossistema natural)										
Espécies que correm risco de desaparecer do ecossistema local										

▶

2) Em relação aos itens mencionados, cite as principais mudanças observadas ao longo do tempo para cada um.

Flora original
Fauna original
Nascentes
Período de estiagem
Chuvas torrenciais
Cursos de água
Presença de espécies exóticas (não nativas do ecossistema natural
Espécies que correm risco de desaparecer do ecossistema local

3) Você conseguiria citar alguns tipos de animais e de plantas que existiam em grande quantidade antigamente e que hoje não estão tão presentes?

Plantas que ainda existem, mas em pouca quantidade	Plantas que desapareceram	Animais que ainda existem, mas em pouca quantidade	Animais que desapareceram

4) Quais foram os principais fatores que contribuíram para a degradação do ecossistema local ao longo do tempo?
_____
_____
_____

5) Em relação ao nível de comprometimento de algumas esferas que possibilitaria maior atuação na conservação ambiental, como você classificaria esses agentes sociais, com um número de 1 a 10 (sendo 1 muito insatisfatório e 10 muito satisfatório).

Agentes sociais	1 (muito insatisfatório)	2	3	4	5	6	7	8	9	10 (muito satisfatório)
Gestores públicos										
Empresários										
Proprietários de terra										
Comunidade em geral										
Instituições de ensino										

6) Para cada agente social mencionado, na sua opinião, quais são as principais barreiras para a execução de um maior comprometimento ambiental?

Gestores públicos
_____
_____
_____

Empresários
_____
_____
_____

Proprietários de terra
_____
_____
_____

Comunidade em geral
_____
_____
_____

Instituições de ensino
_____
_____
_____

7) A seguir, segundo a sua opinião, mencione quais políticas públicas poderiam ser planejadas e executadas nas temporalidades descritas:

Curto prazo	Médio prazo	Longo prazo

■ MÓDULO 3
TRILHAS ECOLÓGICAS INTERPRETATIVAS E CONSERVAÇÃO AMBIENTAL

A execução do último módulo desta sequência reúne subsídios importantes construídos ao longo da proposta, fundamentados para a elaboração de trilhas ecológicas interpretativas. Os roteiros podem ser criados ou se aproveitarem de itinerários já existentes, com elementos importantes trabalhados no processo de construção da sequência, para a constituição de percursos ecológicos.

Dessa forma, nas duas etapas do módulo final, serão evidenciadas estratégias metodológicas com foco na contribuição das trilhas interpretativas ao aprendizado escolar como atividade *outdoor*. Poderão ser extraídos diferentes componentes nessa prática, que vão muito além de um aprendizado dos conteúdos escolares.

Dentre os elementos que podem ser apreendidos, é possível citar a articulação necessária entre as distintas escalas geográficas e o entendimento da interdependência dos diferentes elementos da natureza. Logo, cada constituinte de um ecossistema interfere em toda a sua dinâmica, assim como a alteração em um bioma altera todo um sistema global.

Tanto as ações de conservação quanto as de degradação ambiental repercutem diretamente no equilíbrio de um ecossistema e se propagam até outros, o que implica uma configuração com efeitos nas múltiplas escalas geográficas. O entendimento desse encadeamento aproxima as grandes temáticas socioambientais das problemáticas locais, fator que impulsiona os estudantes a serem sujeitos ativos nas respectivas realidades locais e fortalece a criticidade deles para participarem das decisões junto aos gestores públicos.

A ativação de habilidades individuais e coletivas em prol de ações sustentáveis contribui, ainda, para a valorização das potencialidades naturais existentes na escala local. Assim, o desenvolvimento de trilhas é uma estratégia pedagógica que também pode estreitar as relações entre a escola, a comunidade, o poder público e as empresas de modo geral. Esse elo participativo dos distintos agentes sociais favorece a redução da degradação ambiental e o comprometimento com ações concretas e conscientes de conservação de ecossistemas.

QUINTA ETAPA
(semana, quinzena, mês, bimestre semestre)

Introdução

Esta primeira etapa do último módulo será direcionada ao conhecimento de exemplos de conservação ambiental e de integração com o meio ambiente, tanto em comunidades tradicionais que resistiram à lógica de mercado quanto em grupos que difundem a necessidade emergente de um comportamento mais sustentável em toda a sociedade.

O fortalecimento dessas duas vertentes é essencial à saúde do planeta e, por conseguinte, à garantia da vida humana. Ambos os conjuntos têm uma causa em comum, que deve ser propagada com maior força para possibilitar um conhecimento da dinâmica natural e, consequentemente, a transformação de hábitos e o comprometimento com o meio ambiente, ou seja, com o próprio meio, com a própria vida e com a manutenção da sociedade.

Uma pesquisa que permita a visualização das amplas questões socioambientais e, assim, o engajamento na problemática encadeada em distintas escalas geográficas será prioridade nesta etapa. A intenção é proporcionar uma base de exemplos – em nível mundial e nacional – de atividades pedagógicas *outdoor*, através da valorização das potencialidades dos diferentes ecossistemas e com o consequente comprometimento socioambiental.

Desenvolvimento

Nesta etapa, será priorizado o desenvolvimento de elementos que favoreçam o envolvimento com as amplas questões socioambientais e suscitem o compromisso com a conservação ambiental. Os temas a serem desenvolvidos são:

- Formas de recuperar ecossistemas degradados;
- Exemplos de conservação ambiental na escala mundial;
- Experiências em nível nacional de recuperação e conservação ambiental (elencar exemplos relacionados a cada ecossistema brasileiro);
- Maneiras de se integrar às potencialidades dos ecossistemas sem degradá-los.

Para esta fase, será necessário:

- Identificar ações de sucesso para a recuperação de ecossistemas degradados;
- Mapear exemplos internacionais de conservação de ecossistemas;
- Pesquisar sobre exemplos de conservação de ecossistemas no Brasil;
- Pesquisar sobre experiências de integração de atividades lúdicas às potencialidades naturais através da conservação ambiental.

Instrumentos metodológicos

Os instrumentos metodológicos desta etapa são simplificados por pesquisas encaminhadas à aquisição de conhecimento que inspire a noção de que é possível realizar ações cotidianas em prol da conservação ambiental. O desenvolvimento dessas pesquisas, junto com o conhecimento obtido ao longo desta proposta, proporciona uma base sedimentada para práticas de integração e conservação ambiental na escala local.

Dentro dessa perspectiva, direciona-se para o entendimento de que todos os ecossistemas são essenciais ao equilíbrio planetário e de que cada elemento de determinado ecossistema é primordial ao equilíbrio não somente daquele bioma, mas de todos os demais que perfazem o planeta.

A consciência dessa dinâmica interdependente potencializa o comprometimento com cada elemento dos ecossistemas. A proposta desta etapa, portanto, é uma pesquisa nos meios cibernéticos sobre os temas sugeridos anteriormente e a exibição de dois documentários, seguida de um debate crítico orientado à possibilidade de ações conjuntas para a conservação de ecossistemas locais.

O primeiro documentário a ser exibido é *Reservas extrativas: o legado de Chico Mendes*. A produção dirigida por Sérgio Lelis destaca as diferentes dimensões que envolvem unidades de conservação, desde questões de gênero à gestão ambiental. A discussão das amplas questões sociais está diretamente atrelada às ações de sustentabilidade. Trabalhar as diferenças socioculturais e econômicas é essencial para um bom relacionamento com a dinâmica ambiental.

O segundo documentário é *Matas ciliares*. Essa produção foi feita pela Vnotícia, orientada pelo jornalista Vinícius Berto, em que estudantes do 6º ano do ensino fundamental do Centro Educacional São Francisco realizam entrevistas para expor danos ambientais e ações de conservação ambiental na Mata Ciliar, no rio Paraíba do Sul.

Essas duas produções contribuem, cada uma a seu modo, para abrir um debate sobre diferentes questões socioambientais, que fazem refletir sobre possíveis ações individuais e coletivas para os ecossistemas locais.

Avaliação

O debate e a esquematização de ideias de recuperação e conservação ambiental são as formas de avaliação sugeridas nesta etapa. Com a pesquisa sobre os vários exemplos de ações em diferentes recortes espaciais, surge a oportunidade de debate crítico a respeito de como efetivar o comprometimento ambiental com os ecossistemas locais.

Após o debate, orienta-se para a criação de uma cartilha com um compêndio de ações direcionadas à recuperação e à conservação de ecossistemas de modo geral, através da participação conjunta dos distintos agentes sociais (comunidade em geral, empresários, poder público e demais instituições locais).

SEXTA ETAPA
(semana, quinzena, mês, bimestre, semestre)

Introdução

Na última etapa desta sequência didática, emergem várias questões a serem trabalhadas no cotidiano escolar com os demais partícipes sociais. Após todo o conhecimento sobre a espacialização, a dinâmica, a degradação e as potencialidades dos ecossistemas, tornam-se importantes as indicações para a integração com o meio natural local a partir de ações de recuperação e de conservação ambiental.

Nesse sentido, no momento final desta proposta, é importante enveredar-se nas variadas possibilidades de criar instrumentos pedagógicos de aproximação e comprometimento com os ecossistemas locais. Uma das indicações é a construção de trilhas interpretativas. Os itinerários podem ser criados através da participação comunitária ou de acordo com roteiros preexistentes.

Além desses instrumentos metodológicos, cada equipe de trabalho pode elencar, com os demais agentes sociais, diferentes recursos favoráveis ao desenvolvimento de atividades recreativas que mantenham o comprometimento ambiental.

Desenvolvimento

O desenvolvimento da etapa final segue a tendência das anteriores, ancorado em pesquisa, discussão e participação coletiva dos diferentes agentes sociais.

Os temas a serem desenvolvidos são:

- Construção de jogos ecológicos;
- Resgate de atividades lúdicas em contato com o meio ambiente;
- Caminhos históricos;
- Trilhas autoguiadas e/ou guiadas (caminhadas e ciclismo);
- Pontos interpretativos da(s) trilha(s);
- Acampamento;
- Piquenique;
- Ações de comprometimento com o ecossistema local.

Para esta fase, será necessário:

- Desenvolver jogos ecológicos;
- Resgatar atividades lúdicas que os avós e os pais praticavam em contato com o meio ambiente;
- Construir trilhas interpretativas a partir de roteiros já existentes e/ou de novos itinerários escolhidos pelos partícipes da atividade em conjunto com a comunidade local;
- Estimular o desenvolvimento de atividades em contato com a natureza, como acampamento, piquenique, entre outras sugeridas pela comunidade local;
- Desenvolver um portfólio com ações de comprometimento ambiental.

Instrumentos metodológicos

O percurso metodológico a ser desenvolvido para o fechamento desta proposta segue a mesma dinâmica dos anteriores. A participação coletiva se mostra muito importante à fluidez e ao comprometimento com as ações socioambientais.

Para o desenvolvimento das ações programadas, será necessária a aplicação de um questionário com perguntas referentes às propostas a serem executadas. Tal recurso metodológico torna-se importante ferramenta à participação democrática dos agentes sociais que perfazem o espaço local.

O público-alvo desse instrumento de pesquisa são as instituições de ensino, os gestores públicos, os órgãos ambientais e a comunidade em geral, com destaque para pessoas acima de 60 anos. A tabulação e a análise dos dados coletados permitirão o desenvolvimento das propostas orientadas.

Depois da escolha das áreas e das dinâmicas a serem desenvolvidas, busca-se implementar as propostas não apenas como um recurso pedagógico de atividades *outdoor*, mas como uma forma de integração e comprometimento entre a sociedade e a natureza.

Para a construção das trilhas interpretativas, serão estabelecidos vários pontos e temas (a serem selecionados pela equipe de trabalho a partir da coleta de dados primários) dentro do itinerário escolhido para proporcionar maior entendimento da dinâmica natural. Sugere-se para a construção desta atividade a leitura de Carvalho e Crispim (2018) e de Cazoto e Tozoni-Reis (2008). Ambos os trabalhos apresentam importantes estratégias metodológicas à construção de trilhas ecológicas.

Avaliação

A avaliação final se dará através do desenvolvimento das propostas elencadas anteriormente. Assim, o processo avaliativo qualitativo ocorrerá durante toda a trajetória da sequência didática. Para finalizar este processo, serão esquematizadas e confeccionadas as atividades programadas. Salienta-se que todas elas serão registradas e publicadas nos canais de comunicação virtual elaborados para a divulgação das ações de sustentabilidade e de comprometimento ambiental.

**Questionário para a construção
de trilhas e atividades lúdicas**

1) De quais brincadeiras ao ar livre você se recorda?
   _____
   _____
   _____

2) Para você, qual é a importância da realização de atividades ao ar livre?
   _____
   _____
   _____

3) Você acha importante o resgate dessas atividades? Por quê?
   _____
   _____
   _____

4) Você se lembra de percursos naturais no espaço local que você fazia com os seus pais e avós? Quais?

_____
_____
_____

5) Existem roteiros de trilhas ecológicas na comunidade? Quais?

_____
_____
_____

6) Para você, quais áreas naturais poderiam ser usadas para construção de roteiros e trilhas ecológicas?

_____
_____
_____

7) Você gostaria de contribuir com a construção de trilhas ecológicas no espaço local?

_____
_____
_____

Avaliação formativa

A finalização desta atividade é apenas um ponto de partida à continuidade do pensar e da execução de ações sustentáveis para o comprometimento socioambiental. O engajamento dos diferentes agentes sociais é indispensável. A escola, nessa perspectiva, é uma ferramenta fundamental à criação do elo entre conhecimento científico e saber popular, e com essa base se propaga o conhecimento crítico sobre as amplas questões socioambientais que envolvem o cotidiano de todos.

Nesse sentido, as propostas lançadas ao longo da atividade buscam ativar elementos importantes ao desenvolvimento social mais justo e equilibrado com o meio ambiente. A realização de atividades de modo conjunto deve ser priorizada pela escola, o que possibilita a ativação de saberes que contribuem para as transformações necessárias à sociedade.

Considerações finais

As duas propostas de sequências didáticas e as discussões basilares sobre as questões que sustentaram a continuidade deste livro contribuíram para ressaltar as muitas possibilidades de se trabalhar a educação ambiental. A conclusão desta obra é a importância de se trabalhar a educação ambiental na escola e de integrar essa temática à comunidade local.

Esse é um desafio presente em todos os níveis de ensino, e as ações pertinentes a isso devem ser priorizadas como tema gerador associado aos conteúdos programáticos da grade curricular. Dessa forma, é possível interligar os grandes temas socioambientais às problemáticas locais. Essa interligação permite criar uma conexão entre as diferentes escalas geográficas e contribuir para que os estudantes sejam sujeitos ativos no processo de ensino-aprendizagem.

Através de ações integrativas vinculadas à intervenção e à conservação do respectivo meio de cada comunidade escolar, pode-se contribuir para: reduzir os índices de evasão e de repetência dos estudantes; despertar o interesse dos discentes sobre os conteúdos programáticos, pois buscam se integrar à realidade onde estão inseridos; demonstrar aos estudantes a importância da ação cotidiana de cada um na construção de uma sociedade melhor e mais humana; desenvolver nos educandos o espírito de participação, de pesquisa e de respeito ao próximo e ao meio em que vivem; integrar a comunidade às questões socioambientais pertinentes ao seu meio.

A conclusão deste livro expressa distintas formas de se trabalhar a EA e com temas que entrelaçam as diferentes escalas geográficas. Cada instituição pode propor mais possibilidades de se trabalhar a EA com o engajamento dos integrantes da escola e da comunidade local.

Este livro fica à disposição de outros profissionais da educação e de instituições, para que apliquem, testem, revejam, analisam e colaborem com outras propostas de valorização da EA no cotidiano escolar que se estendam à comunidade local.

Referências

BARBOSA, G. Olhares sobre a educação ambiental na escola: as práticas e as estratégias educativas de implementação. *Educação em Foco*, Juiz de Fora, v. 14, pp. 71-93, 2010.

BERNA, V. *Como fazer educação ambiental*. 2. ed. São Paulo: Paulus, 2004.

BJORGE, S.; HANNAH, T.; REKSTAD, P.; PAULY, T. The Behavioral Effects of Learning Outdoors. *Masters of Arts in Education Action Research Papers*, 2017. Disponível em: http://sophia.stkate.edu/maed/232. Acesso em: 11 maio 2020.

BRASIL. *Constituição da República Federativa do Brasil*: promulgada em 5 de outubro de 1988. Disponível em: http://www.planalto.gov.br/ccivil_03/constituicao/constituicao.htm. Acesso em: 11 maio 2020.

_____. Ministério da Educação (MEC). Secretaria de Educação Fundamental (SEF). *Parâmetros Curriculares Nacionais – terceiro e quarto ciclos*: apresentação dos temas transversais. Brasília, DF: MEC/SEF, 1998. Disponível em: http://portal.mec.gov.br/busca-geral/194-secretarias-112877938/secad-educacao-continuada-223369541/13639-educacao-ambiental-publicacoes. Acesso em: 9 fev. 2019.

_____. Congresso Nacional. Lei n. 9.795/99. *Dispõe sobre a educação ambiental, institui a Política Nacional de Educação Ambiental e dá outras providências*. Brasília, DF, 1999. Disponível em: http://www.planalto.gov.br/cCIVIL_03/LEIS/L9795.htm. Acesso em: 17 abr. 2018.

_____. Ministério da Educação. *Educação Ambiental*: aprendizes de sustentabilidade. Cadernos SECAD 1. Brasília, 2007. Disponível em: http://portal.mec.gov.br/dmdocuments/publicacao2.pdf. Acesso em: 6 fev. 2019.

_____. Lei nº 10.257 de 10 de julho de 2001. *Regulamenta os arts. 182 e 183 da Constituição Federal, estabelece diretrizes gerais da política urbana e dá outras providências*. Disponível em: http://www.planalto.gov.br/ccivil_03/leis/leis_2001/l10257.htm. Acesso em: 2 out. 19.

CARVALHO, Isabel Cristina de Moura. O sujeito ecológico: a formação de novas identidades na escola. In: PERNAMBUCO, Marta; PAIVA, Irene. (Org.). *Práticas coletivas na escola*. 1. ed. Campinas: Mercado de Letras, 2013, v. 1, pp. 115-24.

CARVALHO, I. B. P.; CRISPIM, M. C. Proposta de criação de uma trilha ecológica como forma de aproveitamento econômico de Áreas de Proteção Permanente (APP): Fazenda Serra Grande e o Caminho das Águas. *Revista Brasileira de Ecoturismo*, São Paulo, v. 10, n. 4, pp. 831-55, nov. 2017/jan. 2018.

CARVALHO SOBRINHO, H.; LEITE, C. M. C. Abordagem do lugar no livro didático de geografia do 6º ano do ensino fundamental. *Revista Cerrados* (Unimontes), v. 14, p. 125, 2016.

CAZOTO, J. L.; TOZONI-REIS, Marília Freitas de Campos. Construção coletiva de uma trilha ecológica no cerrado: pesquisa participativa em educação ambiental. *Ciência e Educação* (UNESP), v. 14, p. 575, 2008.

CORRÊA, Roberto Lobato. *O espaço urbano*. São Paulo: Ática, 2004. (Série Princípios).

DE SOUSA SANTOS, Boaventura. *Para Descolonizar Occidente*: más allá del pensamiento abismal. Buenos Aires: Consejo Latino Americano de Ciencias Sociales; CLACSO: Prometeo libros, 2010. Disponível em: http://biblioteca.clacso.edu.ar/gsdl/cgi-bin/library.cgi?e=d-11000-00---off-0clacso--00-1----0-10-0---0---0direct-10---4-------0-0l--11-es-Zz-1---20-about---00-3-1-00-0--4----0-0-01-00-0utfZz-8-00&a=d&cl=CL4.4&d=D2983.5. Acesso em: 11 abr. 2020.

DECLARACIÓN de la Conferencia Intergubernamental de Tbilisi sobre Educación Ambiental: ONU, 1977. Disponível em: https://jmarcano.com/educa/ea-documentos/declaracion-tbilisi/. Acesso em: 30 abr. 2020.

DIAS, Genebaldo Freire. *Educação ambiental:* princípios e práticas. 4. ed. São Paulo: Gaia, 1994.

_____. *A implantação da educação ambiental no Brasil*. Brasília: MEC, 1998.

DÍAZ-BARRIGA, Ángel. Construcción de programas de estudio en la perspectiva del enfoque de desarrollo de competencias. *Perfiles Educativos*, IISUE-UNAM, v. XXXVI, n. 143, 2014.

_____. *Guía para la Elaboración de una sequencia didactica*. Mexico: Comunidad de Conocimiento UNAM, 2013.

ELKINGTON, J. Triple bottom line revolution: reporting for the third millennium. *Australian CPA*, v. 69, p. 75, 1994.

FENICHEL, M.; SCHWEINGRUBER, H. A. *Surrounded by Science: Learning Science in Informal Environments*: Board on Science Education, Center for Education, Division of Behavioral and Social Sciences and Education. Washington, DC: The National Academies Press, 2010.

FREIRE, Paulo. *Pedagogia do oprimido*. 10. ed. Rio de Janeiro: Paz e Terra, 1987.

_____. *Pedagogia da autonomia*: saberes necessários à prática educativa. São Paulo. Paz e Terra, 1996.

GALEANO, Eduardo. *Las Venas Abiertas de América Latina*. 76. ed. Buenos Aires, Argentina: Siglo XXI, 2004.

JAPIASSÚ, Hilton. *Interdisciplinaridade e patologia do saber*. Rio de Janeiro: Imago, 1976.

LACOSTE, Y. A. Pesquisa e o trabalho de campo: um problema político para os pesquisadores, estudantes e cidadãos. *AGB/SP*, São Paulo, n. 11, pp. 1-23, ago. 1985.

LAGO, André Aranha Corrêa do. *Estocolmo, Rio, Joanesburgo o Brasil e as Três Conferências Ambientais das Nações Unidas*. Instituto Rio Branco, Brasil, 2006.

LIBÂNEO, J. C. Ainda as perguntas: o que é pedagogia, quem é o pedagogo, o que deve ser o curso de pedagogia. In: PIMENTA, S. G. (Org.). *Pedagogia e pedagogos*: caminhos e perspectivas. São Paulo: Cortez, 2002, pp. 59-97.

LOUV, Richard. *A última criança na natureza*: resgatando nossas crianças do transtorno do déficit. Tradução: Alyne Azuma, Cláudia Belhassof. São Paulo: Aquariana, 2006.

MARTINS, J. S. *Projetos de pesquisa*: estratégias de ensino e aprendizagem em sala de aula. Campinas: Armazém do Ipê, 2005.

MORIN, E. *Os sete saberes necessários à educação do futuro*. 9. ed. São Paulo: Cortez, 2004.

NALINI, José Renato. *Filosofia e ética jurídica*. São Paulo: Editora Revista dos Tribunais, 2008.

NUNES, Marcos A. Criação de municípios no Brasil: motivações, vantagens e desvantagens. *Revista Espinhaço*, v. 6, pp. 11-20, 2017.

OLIVEIRA, E. M. de. A crise ambiental e suas implicações na construção do conhecimento. Em: QUINTAS, J. S. (Org.). *Pensando e praticando a educação ambiental na gestão do meio ambiente*. Brasília: Ibama, MMA, 2002.

PAWLOWSKI, A. How many dimensions does sustainable development have?. *Sust. Dev.*, n. 16, pp. 81-90, 2008.

PRADO JR., Caio. *História Econômica do Brasil*. 47. ed. São Paulo: Brasiliense, 2006.

RELPH, Z. C. As bases fenomenológicas da geografia. *Geografia*, n. 4, v. 7, pp. 1-25, 1979.

SORRENTINO, M. et al. Educação ambiental como política pública. *Educação e Pesquisa*, São Paulo, v. 31, n. 2, pp. 285-99, maio/ago. 2005. Disponível em: www.scielo.br/pdf/ep/v31n2/a10v31n2.pdf. Acesso em: 18 dez. 2018.

VERAS NETO, Francisco Quintanilha; SARAIVA, Bruno COZZA. A Justiça Socioambiental Como Fundamento Contrahegemônico à Globalização e à Mercadorização Ambiental. *Revista Jurídica - Unicuritiba*, v. 2, pp. 94-110, 2012.

A autora

Márcia Maria Santos é professora de Geografia do Instituto Federal de Sergipe e do Programa de Pós-Graduação em Rede Nacional para Ensino das Ciências Ambientais – Universidade Federal de Sergipe (PROFCIAMB/UFS). Graduada em Geografia (Licenciatura) pela UFS, possui especialização em Gestão Pública Municipal, mestrado e doutorado pelo Programa de Pós-Graduação em Geografia pela mesma instituição. Atua em pesquisas voltadas para análise regional; cidades pequenas e médias; e educação ambiental com ênfase na integração entre comunidade escolar e o lugar.

Agradecimentos

A publicação deste livro vem repleta de gratidão. Foi uma trajetória que me instigou a mudar de rota e, assim, me deu a oportunidade de viver experiências desbravadoras. Como tem sido a vida toda, sou grata a Deus, que nos momentos mais conturbados me permite ouvir a Sua voz e me direciona a um caminho de luz que leva além de onde eu imaginaria poder chegar. Essas reflexões – que deram impulso a grandes mudanças – foram essenciais para eu entender que o presente de Deus continua em mim.

Outra base essencial para eu prosseguir são os meus pais, Manoel e Josefa. Mesmo distantes, sempre estiveram ao meu lado, me fortificando a todo o momento com os seus ensinamentos, que me prepararam para a vida. Entendo que onde há amor não há distância. A força do amor quebra todas as barreiras espaciais e entra em nós como um tipo de magia que, só de pensar no melhor de quem se ama, suaviza a alma e traz um pacote de boas emoções.

Agradeço a todos que estiveram ao meu lado direta ou indiretamente. Aos meus irmãos, Marcondes e Magno. Aos meus sobrinhos, Mayk e Maria Eduarda, à Ane, cunhada-irmã, e à Mikaele. A todos os meus amigos, em especial àqueles que me impulsionaram a esta publicação: Katinei e Maurício.

Agradeço à professora Natália Pirani Ghilardi-Lopes, supervisora do pós-doutorado, que contribuiu para o direcionamento e a conclusão da pesquisa que trouxe a esta obra. Agradeço, ainda, à professora Vera França, que desde a graduação esteve sempre comigo, me inspirando à docência e à pesquisa. Estendo o agradecimento ao professor José Eloizio, pela confiança exercida.

Agradeço à minha instituição de trabalho, o Instituto Federal de Sergipe (IFS), e, sobretudo, aos meus queridos alunos, que fizeram parte do despertar e da inspiração para a realização deste livro. Da mesma forma, agradeço ao Programa de Pós-Graduação em Rede Nacional para Ensino das Ciências Ambientais da Universidade Federal de Sergipe (ProfCiAmb/UFS) e à Universidade Federal do ABC (UFABC). Através da UFABC pude realizar a pesquisa que deu origem a este livro.

Cheia de gratidão, espero poder contribuir com educadores do ensino básico com a proposta de inserir a prática da educação ambiental no cotidiano escolar de suas comunidades locais, respeitando as suas especificidades.

LEIA MAIS

BRINCANDO DE DEUS
Como a humanidade vem alterando a natureza há 50 mil anos

Beth Shapiro

A natureza nunca mais foi a mesma depois que o homem surgiu. Nossos ancestrais caçaram, poluíram e levaram centenas de espécies à extinção. Transformaram lobos em cães Boston terriers, repolho selvagem em couve e brócolis. À medida que nossos ancestrais aprenderam a caçar, a domesticar animais e a viajar, suas ações e seus deslocamentos criaram condições para que as espécies se adaptassem e evoluíssem.

Porém, as mudanças recentes são diferentes. As biotecnologias atuais nos permitem interferir em espécies com mais rapidez e precisão do que nossos ancestrais. A inseminação artificial, a clonagem e a edição de genes melhoram o controle sobre o DNA que é passado para a próxima geração, aumentando ainda mais o poder da intervenção humana como força evolutiva. Nosso poder de mudar as espécies é maior do que nunca, e devemos reconhecer, aceitar e aprender a controlá-lo. Em um livro instigante, a bióloga evolucionista Beth Shapiro nos mostra como chegamos aonde chegamos e quais os dilemas e as possibilidades para o futuro.

CADASTRE-SE
EM NOSSO SITE,
FIQUE POR DENTRO DAS NOVIDADES
E APROVEITE OS MELHORES DESCONTOS

LIVROS NAS ÁREAS DE:

História | Língua Portuguesa
Educação | Geografia | Comunicação
Relações Internacionais | Ciências Sociais
Formação de professor | Interesse geral

ou
editoracontexto.com.br/newscontexto

Siga a Contexto
nas Redes Sociais:
@editoracontexto

GRÁFICA PAYM
Tel. [11] 4392-3344
paym@graficapaym.com.br